Jóvenes dibujantes

Colección Biblioteca Creativa nº17.
JÓVENES DIBUJANTES. CÓMO LLEGAR A SER UN ARTISTA.
Primera edición: abril 2003.
© 2003 Daniel Torres / Represented by NORMA Editorial, S.A.
© 2003 NORMA Editorial, S.A.
Fluvià, 89. 08019 Barcelona.
Tel.: 93 303 68 20. – Fax: 93 303 68 31.
E-mail: norma@normaeditorial.com
Depósito legal: B-13825-2003. ISBN: 84-8431-713-7
Printed in the EU.

www.NormaEditorial.com

prefacio

A casi todos los jóvenes os gusta dibujar. Y es comprensible, porque coger un lápiz y hacer que de un papel en blanco vaya surgiendo una imagen que un momento antes no existía es algo emocionante y que llena de satisfacción a cualquiera.

Y seguro que a todos los jóvenes que os gusta dibujar os encantaría... ¡saber dibujar mejor! Daríais cualquier cosa porque vuestra mano dominase el lápiz a voluntad, porque vuestros dibujos cada vez fuesen mejores y despertasen la admiración de todos.

Sí, pero la única forma de dibujar bien es aprendiendo todas las técnicas y trucos. Y eso es lo que se propone este libro. A lo largo de treinta y cinco secciones llenas de temas interesantes, ejemplos y consejos prácticos basados en la experiencia, encontraréis todo lo imprescindible para llegar a ser artista. Si las seguís con interés y practicáis de forma constante todo lo que en ellas vayáis aprendiendo, este libro se convertirá en un buen maestro y en un mejor amigo.

Daniel Torres

Todos los temas que se tratan en este libro pueden agruparse en tres grandes bloques:
1.El artista, 2.Los materiales y 3.La práctica del dibujo.

1 EL ARTISTA

2 MATERIALES

3 LA PRÁCTICA DEL DIBUJO

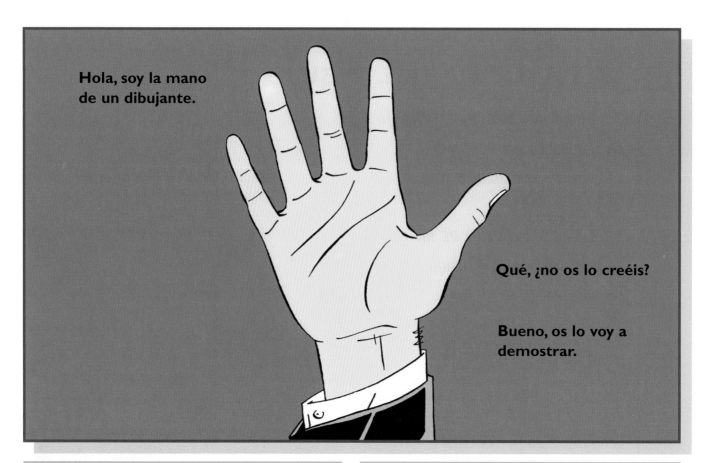

Hola, soy la mano de un dibujante.

Qué, ¿no os lo creéis?

Bueno, os lo voy a demostrar.

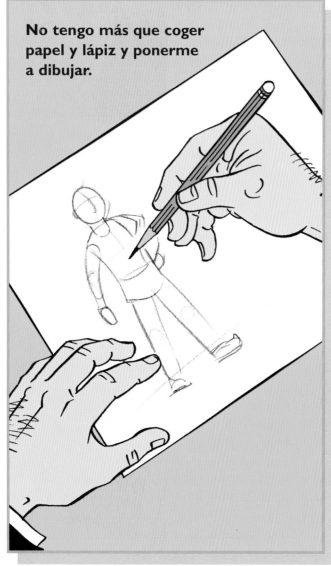

No tengo más que coger papel y lápiz y ponerme a dibujar.

Eh, ya se va viendo algo.

Esto despierta vuestro interés, ¿verdad?

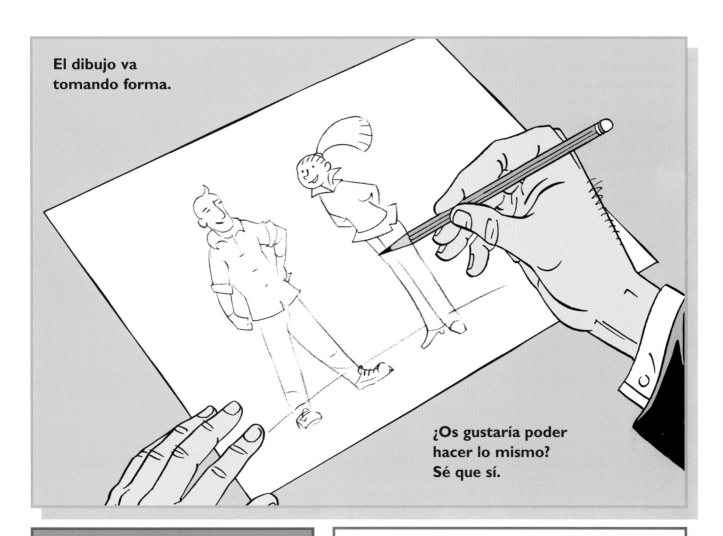

El dibujo va tomando forma.

¿Os gustaría poder hacer lo mismo? Sé que sí.

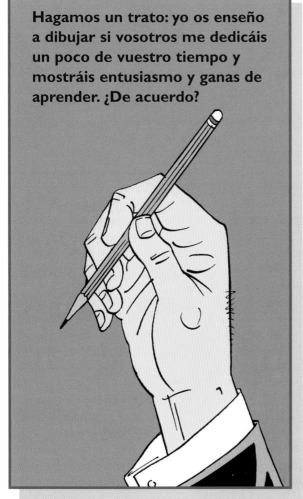

Hagamos un trato: yo os enseño a dibujar si vosotros me dedicáis un poco de vuestro tiempo y mostráis entusiasmo y ganas de aprender. ¿De acuerdo?

Para ello, necesitaré dos ayudantes, así que me he puesto manos a la obra y los estoy dibujando. ¿Veis qué útil es el dibujo?

Son dos chicos como vosotros. Van al cole, salen con los amigos, les gusta la música, el deporte, el cine, leer cómics y libros. Pero como mejor se lo pasan es dibujando.

Ahora un poco de tinta.

Un toque de color y...

¡Aquí los tenemos!

¡EH, QUEREMOS EMPEZAR YA!

¡SÍ! ¡VAMOS, PASA LA PÁGINA!

Jóvenes dibujantes

Daniel Torres

NORMA
Editorial

Cuando mañana salgas a la calle levanta la vista y fíjate en lo que hay frente a ti (supongamos, por ejemplo, que pasa un autobús). Eso que tus ojos estarán viendo en ese momento es una imagen. Pero hay muchos tipos de imágenes. Por un lado, están las imágenes móvile, como las películas, los dibujos animados, la televisión, o un autobús circulando por la calle, y por otro están las imágenes fijas, como una fotografía, un cartel pegado en la pared, un cuadro, la ilustración de un libro o un cómic.

¿Qué es el dibujo?

¿ Qué tienen en común algunas de estas imágenes que hemos nombrado? Que utilizan, en mayor o menor medida, el **DIBUJO**.

¿ QUÉ ES EL DIBUJO?

?

El DIBUJO es la representación de una cosa por medio de líneas.

"¿Representación?", te preguntarás.

¿REPRESENTACIÓN?

Sí, como en una obra de teatro. Ahora lo verás.
Coge un folio y dóblalo por la mitad; con unas tijeras corta ahora un recuadro en el centro de forma que el resto quede como una C.

Desdóblalo y obtendrás un marco blanco. Ponlo delante de ti con el brazo alargado.

El marco es como el escenario de un teatro y lo que ves dentro de la escena, allí están los decorados y los actores y tú eres el director, que lo puede mover todo como quiera.

Ahora coge papel y lápiz, haz un recuadro parecido a tu marco e intenta meter dentro tu decorado y tus actores. Cuando lo consigas habrás creado una imagen tuya a partir de otra que no lo era. Eso es dibujar.

Aquí aprenderéis que para ser dibujante no sólo hacen falta ganas sino que también es necesario seguir unas normas y tener un método de trabajo.

Ser dibujante

Así que queréis ser dibujantes...

¡Sí!

¡SÍ, MIRA YO YA LO TENGO TODO PREPARADO!

¿Y QUÉ VAS A HACER CON TODO ESO?

AHORA VERÁS.

¡MIRA!

¡JA, JA, QUÉ MAL DIBUJAS!

SÍ, ES VERDAD, NO ME SALIÓ LO QUE YO QUERÍA HACER.

Nunca hay que burlarse de los dibujos que hacen los demás. Es preferible aprender de ellos fijándonos en lo que esté bien o mal hecho para imitarlo o no repetirlo cuando nosotros nos pongamos a dibujar.

Aunque el mejor ejercicio es estudiar detenidamente los dibujos que hemos hecho nosotros. Por ejemplo, coge el que hiciste hace dos días, míralo despacio y te darás cuenta de cosas que entonces no viste.

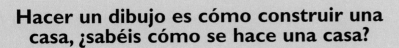

ESO SÍ QUE LO SABEMOS: SE HACEN LOS CIMIENTOS Y SOBRE ELLOS SE VAN LEVANTANDO LOS PILARES QUE SUJETARÁN LOS MUROS.

...Y AL FINAL SE PONE EL TEJADO.

¿Y CÓMO PODEMOS LLEGAR A HACER ESO?

El dibujante es el que sabe dar forma con líneas a todas las imágenes que se proponga.

Aprender a dibujar es como construir una casa. Hay que poner unos cimientos muy fuertes para que los pilares puedan levantarse sin miedo. Y, lo más importante, hay que hacerlo despacio y con orden, siguiendo todas las reglas necesarias por muy tontas que nos parezcan.

¡UF, A MÍ ESO DE LAS REGLAS NO ME MOLA!

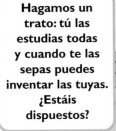

Hagamos un trato: tú las estudias todas y cuando te las sepas puedes inventar las tuyas. ¿Estáis dispuestos?

¡SÍ!

¿DÓNDE HAY QUE HACER ESOS CIMIENTOS?

Lección 3

Donde se os informa que la mano no es la única que interviene en la realización de un dibujo.

Anatomía de un dibujante

¿En qué partes se divide el cuerpo humano?

CABEZA...,

Muy bien, pero ahora veréis que las extremidades de un dibujante no son como las de las demás personas.

¡TRONCO Y EXTREMIDADES

El dibujante, además de sus brazos y sus piernas, maneja otros elementos igual de importantes que también llamaremos extremidades. Sin ellos no puede dibujar. Y acabará trabajando tanto con ellos que al final serán parte de él, como su cabeza o su brazo.

¿SÍ? ¿Y CUÁLES SON ESAS EXTREMIDADES EXTRA QUE TIENE EL DIBUJANTE?

Son cuatro.

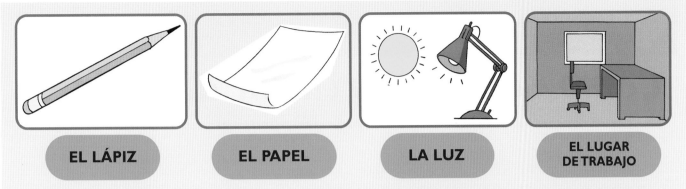

EL LÁPIZ

EL PAPEL

LA LUZ

EL LUGAR DE TRABAJO

Y como son tan importantes, les vamos a dedicar varias lecciones más adelante.

Ahora os presentaré a tres personajes que sí son parte de vuestra anatomía; vamos, que los lleváis siempre encima. Estos tres no pueden vivir los unos sin los otros, podemos decir que están conectados entre sí, como si fueran parte de un circuito eléctrico.

EL OJO

LA CABEZA

LA MANO

De cada cosa que hace uno de ellos se enteran los otros dos, y lo primero que debe hacer un dibujante cuando comienza es aprender a trabajar en todo momento con los tres y saber cómo desarrollarlos.

¡Os dais cuenta? ¡El ojo bien abierto, la cabeza en su sitio y la mano en movimiento! Como si fuera una canción.

15

Aquí van unos cuantos consejos que os harán ver que un dibujante no es un tipo cualquiera.

Cómo se comporta un dibujante

¿Tenéis algún amigo músico o deportista?
¿Qué os llama la atención de él?

MI AMIGO QUIQUE ESTÁ ESTUDIANDO VIOLÍN Y SE PASA EL DÍA ENSAYANDO.

PUES MARTA, SIEMPRE QUE PUEDE, SE VA A ENTRENAR CON EL EQUIPO DE BALONMANO.

Lee nuestros consejos, de la misma forma que tu amigo **Quique** lee un pentagrama, o tu amiga **Marta** se lee las reglas del balonmano.

Un dibujante es como un músico o un deportista: siempre que pueda debe ponerse a dibujar, ensayando y entrenando sin parar.

¡QUÉ MAL ME HA SALIDO ESTE DIBUJO!

En tu mesa de trabajo no debe faltar nunca papel en blanco porque en cualquier momento puedes necesitarlo para dibujar algo que se te acaba de ocurrir.

Cuando salgas, llévate un bloc y sigue dibujando, en cualquier sitio, estés donde estés.

Si un dibujo te sale mal, hay que repetirlo una y mil veces hasta que te salga bien.

Y cuando un dibujo te sale bien, hay que repetirlo una y mil veces para no olvidarlo. Y, además, hay que hacerlo con alegría y entusiasmo, como si estuviéramos jugando a un juego en el que siempre ganamos.

¡EH, QUÉ CHULO ME HA QUEDADO ESTE DIBUJO!

SÍ, PERO CUANDO LLEVO MUCHO TIEMPO CON UN DIBUJO AL FINAL YA NO VEO SI ESTÁ BIEN O MAL.

Utiliza este truco: deja el dibujo en la mesa y sal a dar una vuelta o aprovecha para hacer otra cosa por la casa o por tu cuarto (siempre sin mirar el dibujo). Al cabo del rato vuelve y verás cómo ha cambiado el dibujo, te parece otro, y él mismo te revelará lo que está mal y lo que está bien.

Y recuerda lo que hablamos en la lección anterior: el ojo siempre está trabajando.

Aun cuando no tengas una hoja de papel o tu bloc a mano, obsérvalo todo: cómo son las cosas, qué forma tienen, cómo se mueven y de qué manera se relacionan entre sí. Míralo todo con atención, ya que en algún momento tu cabeza pondrá esa información en circulación y acabará en la mano que sujeta el lápiz.

Lección 5

En esta lección veréis que no sólo el dibujante es especial, también el lugar donde trabaja debe reunir unas condiciones especiales.

¿Cómo es tu cuarto?

Ya habíamos dicho que se puede dibujar en cualquier sitio, pero el lugar donde más a menudo lo vas a hacer es en tu cuarto.

Si tienes un cuarto grande que además no compartes con ningún hermano... ¡qué suerte la tuya! Pero también en un cuarto pequeño se puede dibujar bien.

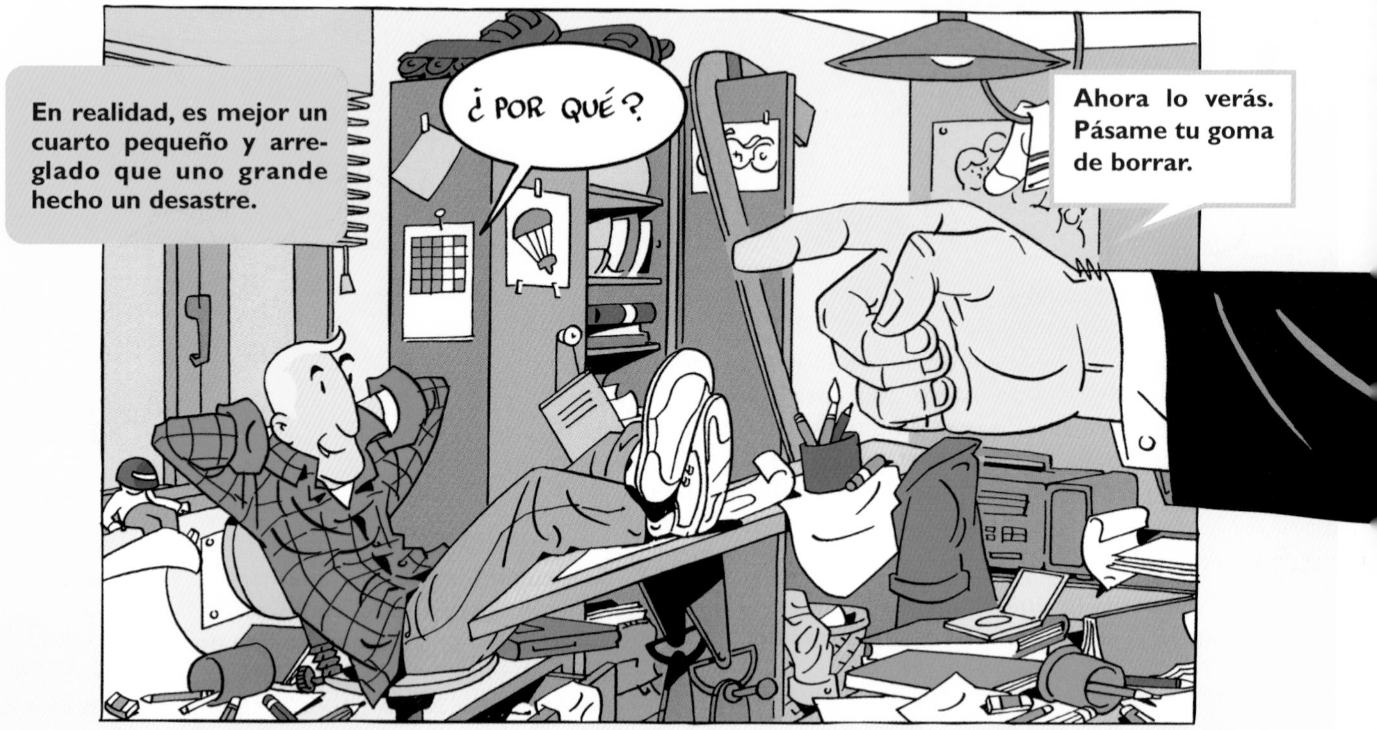

En realidad, es mejor un cuarto pequeño y arreglado que uno grande hecho un desastre.
¿ POR QUÉ ?
Ahora lo verás. Pásame tu goma de borrar.

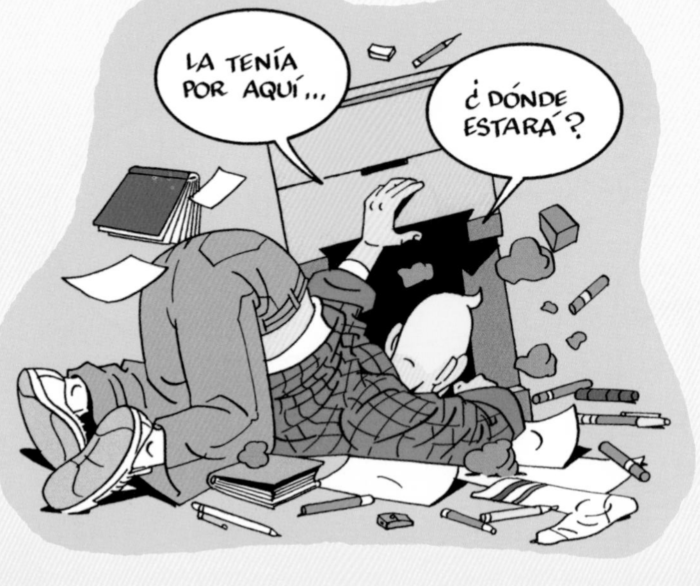

LA TENÍA POR AQUÍ...
¿ DÓNDE ESTARÁ ?

Es inevitable que después de una sesión de dibujo lo tengamos todo un poco desordenado. ¡Incluso muy desordenado! Por eso, al terminar, hay que colocar cada cosa en el sitio que le tengamos asignado; así lo encontraremos sin dificultad al comenzar otra sesión y ganaremos... ¡tiempo!

LA LUZ

Métete en un cuarto totalmente oscuro y verás... ¡que no ves nada! Sin luz no hay imágenes, ni formas, ni colores.
Sin luz no hay dibujo.

Grande o pequeño, lo que sí debe tener nuestro cuarto es una ventana, como mínimo, por la que entre abundante luz. **Nunca hay que dibujar en la penumbra, es muy malo para nuestro dibujo... y para nuestros ojos.**

También es importante que procuremos alejarnos de los ruidos fuertes y que evitemos la música a todo volumen: dibujar exige una importante concentración.

LA MESA

La mesa en la que dibujéis no tiene que ser muy grande...

... ni muy pequeña.

Como el cuarto, también la mesa debe estar ordenada y con todo lo que necesitemos al alcance de la mano.

Éste es un ejemplo de orden en la mesa.

LUZ

LIBROS DE CONSULTA Y DOCUMENTACIÓN

MODELO

LÁPICES, GOMA, ETC.

PAPEL AUXILIAR

PAPEL DE DIBUJO

BLOCS DE APUNTES

Ensaya el que sea más cómodo para ti.

19

Si bien un artista puede dibujar en cualquier sitio, su estudio es donde más tiempo va a pasar trabajando. Hablemos de él.

El lugar de trabajo

¿DÓNDE DEBO COLOCAR LA MESA DE DIBUJO DENTRO DEL CUARTO?

Buena pregunta. No todos los sitios son adecuados.

La mesa debe estar cerca de una ventana, para que la luz que entre venga por tu lado izquierdo (por el derecho si eres zurdo). Asimismo, la lámpara que coloquemos sobre la mesa debe quedar situada en la esquina superior izquierda

¿ASÍ?

Eso es.

Y ¿POR QUÉ?

Muy sencillo, haz la prueba:

Si la luz viene del lado derecho, la sombra de nuestra mano tapará el dibujo.

LUZ

Pero si viene del lado izquierdo, el papel queda iluminado y ninguna sombra tapa el dibujo.

Como puedes adivinar, el asiento debe ser del tamaño adecuado a la mesa y estar colocado de forma que se consiga una postura correcta.

NO

Asiento pequeño.

NO

Asiento grande.

NO

Asiento atrasado.

NO

Asiento adelantado.

Los brazos deben apoyarse en la mesa con una postura no forzada; el codo debe formar un ángulo un poco mayor de 90°.

SÍ

Los pies reposarán en el suelo con toda la planta.

El asiento debe tener un respaldo que nos obligue a mantener la espalda recta.

Si tenemos una mesa fija (que no es abatible) en nuestro pequeño equipo no debe faltar un tablero de dibujo. Es imprescindible para dibujar en papeles grandes.

Un tablero de chapa de madera de unos 50 x 70 centímetros y de más o menos 1 centímetro de grosor.
El papel lo sujetaremos con unas pinzas o unas chinchetas.

Con el tablero podemos conseguir varias posiciones:

Sobre la mesa, regulando su inclinación con unos libros.

Sobre una silla.

Y con un taburete que tenga respaldo podemos improvisar un caballete para trabajar de pie.

Apoyado entre nuestras piernas y la mesa, regulando su inclinación con la distancia a que nos sentemos de la mesa.

Todo esto con una simple chapa de madera. ¡Fácil!

Lo usáis todo el día en el cole y en casa, y sobre él hacéis montones de cosas. Ahora vamos a conocerlo mejor porque el artista bien poco podría hacer sin él. Es...

El papel

Dale un rotulador a tu hermano pequeño y verás qué poco tarda en llenarlo todo de rayas.

¡AHH!

¿Te has dado cuenta de que se puede dibujar sobre cualquier sitio? Pero el soporte que más usa un dibujante es el papel.

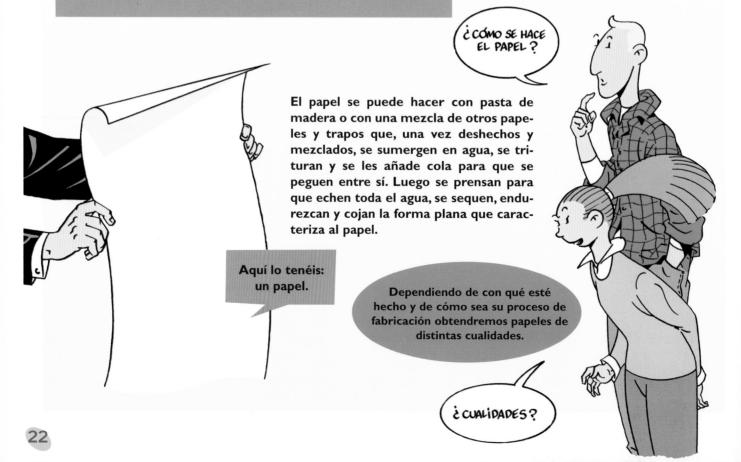

¿CÓMO SE HACE EL PAPEL?

El papel se puede hacer con pasta de madera o con una mezcla de otros papeles y trapos que, una vez deshechos y mezclados, se sumergen en agua, se trituran y se les añade cola para que se peguen entre sí. Luego se prensan para que echen toda el agua, se sequen, endurezcan y cojan la forma plana que caracteriza al papel.

Aquí lo tenéis: un papel.

Dependiendo de con qué esté hecho y de cómo sea su proceso de fabricación obtendremos papeles de distintas cualidades.

¿CUALIDADES?

Sí, los papeles son como una cuadrilla de obreros especializados. Cada uno sirve para un trabajo distinto.

¿ Y CÓMO SABRÉ CÚAL UTILIZAR ?

Mira, los vamos a dividir en dos familias:
- Papeles lisos o satinados y
- Papeles rugosos o con grano

Si los pudieras mirar de lado con una lupa, esto es lo que verías:

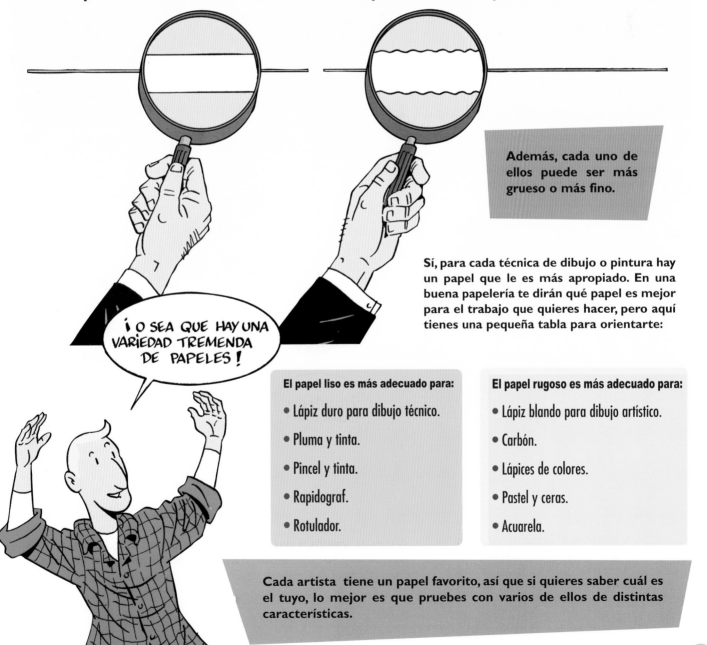

Además, cada uno de ellos puede ser más grueso o más fino.

Sí, para cada técnica de dibujo o pintura hay un papel que le es más apropiado. En una buena papelería te dirán qué papel es mejor para el trabajo que quieres hacer, pero aquí tienes una pequeña tabla para orientarte:

¡ O SEA QUE HAY UNA VARIEDAD TREMENDA DE PAPELES !

El papel liso es más adecuado para:

- Lápiz duro para dibujo técnico.
- Pluma y tinta.
- Pincel y tinta.
- Rapidograf.
- Rotulador.

El papel rugoso es más adecuado para:

- Lápiz blando para dibujo artístico.
- Carbón.
- Lápices de colores.
- Pastel y ceras.
- Acuarela.

Cada artista tiene un papel favorito, así que si quieres saber cuál es el tuyo, lo mejor es que pruebes con varios de ellos de distintas características.

23

Allá van un montón de consejos acerca del papel, cosas que son necesarias saber para que vuestro trabajo comience con buen pie.

Cómo manejar el papel

Cuando vayas a comprar papel llévate una carpeta donde meterlo, porque si no te lo darán enrollado. Si por cualquier razón tienes que llevarlo enrollado, nada más llegar a casa desenróllalo, pues de lo contrario se quedará combado, no podrás dibujar bien en él y acabará estropeándose.

RECUERDA QUE...
El papel es un material delicado y por tanto sensible a cualquier manipulación o cambio.

¡Ya está: le doy una pasada con la plancha caliente!

¡¡Ni se te ocurra: se quemaría!!

¿Cómo lo hago entonces?

CÓMO DESENROLLAR EL PAPEL

Si no has seguido el consejo anterior y tienes un papel que lleva mucho tiempo enrollado, para desenrollarlo no debes intentar enrollarlo en sentido contrario, pues puede doblarse y entonces sí que no tendría remedio.

Alto ahí un momento, antes enséñame esas manos.

¡Puag! ¡Qué sucias están!

RECUERDA QUE...
Antes de coger cualquier papel y ponerte a trabajar con él asegúrate de tener las manos limpias. Y si no las tienes: ¡agua y jabón!

Ahora sí, vamos a desenrollar ya ese papel. Cógelo con ambas manos por sus extremos y frota despacio pero con firmeza la cara cóncava del mismo con el borde de una mesa.

Verás cómo el papel vuelve poco a poco a su sitio.

El papel en el que estás dibujando sobre tu mesa de trabajo no debe tener nada encima y debe estar colocado de forma que puedas moverlo con libertad porque si no...

YO ESTABA HACIENDO UN DIBUJO ¿POR DÓNDE ANDARÁ?

CÓMO ELIMINAR LAS LIMADURAS DE GOMA

Si llevas mucho rato con un dibujo y está lleno de limaduras de goma, no las quites con el dorso de la mano porque emborronarás el dibujo y de paso ensuciarás el papel.

Hazlo así:

¡TAP, TAP, TAP!

Coge el papel por sus extremos, lo doblas un poco y das varios golpes secos con el canto en la superficie de la mesa. Quedará limpio de goma.

Por último quita esos restos de goma de la mesa para que no se peguen al dorso del papel.

CÓMO GUARDAR EL PAPEL

RECUERDA QUE...
El papel debe estar siempre plano. puedes poner otros papeles apilados encima pero no otros objetos que podrían deformarlo.

Por lo tanto el mejor sitio donde guardarlo es un cajón, a resguardo del polvo y la luz.

Pero si no tienes un cajón tan grande a tu disposición, guarda el papel en una carpeta cerrada y colócala, por ejemplo, en lo alto de tu armario.

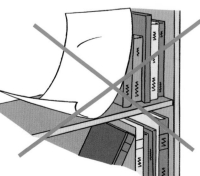

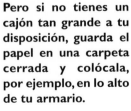

Si usas el papel a diario, puedes colocar la carpeta de pie al lado de tu mesa. Pero no dejes un papel apoyado en vertical porque poco a poco se doblará y caerá.

Y seguimos con más consejos sobre el papel. Todo este protagonismo que le estamos dando os hará ver lo importante que es.

Qué puedes hacer con un papel

Mirad detenidamente las caras de un papel.

¿CARAS?

Sí, a cada lado de una hoja de papel le llamamos cara.

ASÍ QUE UN PAPEL TIENE DOS CARAS.

Eso es. Pues esas caras no son iguales. Esto lo comprobarás más fácilmente con un papel rugoso.

La cara buena, la mejor para dibujar, es en la que se lee la marca y en la que el tacto del papel es un poco más áspero, un poco más rugoso. La cara contraria es más lisa.

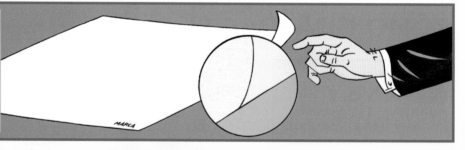

MARCA

Si un papel es bueno de verdad, puedes usar cualquiera de las dos caras, pero es mejor que compruebes que vas a trabajar en la cara buena. Además, cuando tus amigos te vean examinar el papel con detenimiento pensarán que estás hecho un experto artista.

Durante su utilización, procura coger y sujetar el papel por los bordes. Aunque tu mano esté limpia puede engrasar el papel y luego no absoberá la tinta.

BIEN

MAL

Para evitar que la mano con la que dibujas sobre el papel lo engrase y ensucie al apoyarla y arastrarla, colócate debajo un papel fino.

Si te encuentras con que el papel se ha engrasado y rechaza la tinta, coge la goma y, con mucha suavidad para no borrar del todo el lápiz, pásala por el dibujo. La goma desengrasará el papel.

¿LOS PAPELES SE PUEDEN MOJAR?

No todos. Hay que saber qué papeles aguantan más el agua. Los satinados (¿recuerdas? Aquellos totalmente lisos y brillantes) es mejor no mojarlos. Si tienes que hacer un trabajo al que vas a añadir colores al agua (acuarela, lápices o ceras acuarelables, gouache...) utiliza un papel rugoso, que tenga grano, y que no sea demasiado fino. Si vas a hacer una acuarela utiliza el papel de acuarela. Verás que es el más rugoso. Y para evitar que con el agua se te abombe, lo mejor es mojar antes todo el papel.

¿TODO? ¿CÓMO?

CÓMO PREPARAR EL PAPEL PARA LA ACUARELA

1 Sumerge la hoja en el agua durante unos minutos.

2 La sacas y la dejas escurrir cogiéndola de una esquina.

3 La colocas sobre tu tablero de dibujo y la sujetas con chinchetas o con cinta de papel adhesivo.

4 La dejas secar bien. Así quedará tensada y cuando comiences a trabajar con el agua no se abombará.

Y aquí llega el gran amigo del dibujante. Váis a pasar muchas horas en compañía de él y, si lo llegáis a conocer bien, os dará muchas alegrías. Es...

El lápiz

Ahora que ya habéis aprendido algunas de esas cosas que todo dibujante debe saber ha llegado el momento de...

¡ENFRENTAROS CON EL PAPEL EN BLANCO!

No, no hay que tenerle miedo. Pensad así: "El dibujo que quiero ya está ahí, dentro del papel, sólo está esperando a que yo lo saque fuera".

¡Y sabéis qué es lo que más os va a ayudar a conseguirlo? El arma principal de todo dibujante: EL LÁPIZ.

¿QUÉ ES UN LÁPIZ?

Un lápiz es una mina de grafito o carbón que, para poder manejarla bien con la mano, va metida dentro de una barra de madera cilíndrica o poliédrica de base hexagonal.

Aunque también puede ir dentro de un portaminas.

Como ocurre con los papeles, hay una gran variedad de lápices que hay que conocer para poder elegir el más adecuado.

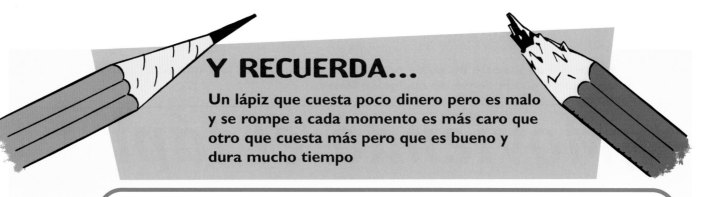

Y RECUERDA...

Un lápiz que cuesta poco dinero pero es malo y se rompe a cada momento es más caro que otro que cuesta más pero que es bueno y dura mucho tiempo

¿LÁPIZ DURO O LÁPIZ BLANDO?

¿ BLANDO?

Sí, la cualidad más importante de un lápiz es su dureza. La dureza es el grado de consistencia de la mina. A mayor dureza (LÁPIZ DURO) el trazo es más fino y menos negro; a menor dureza (LÁPIZ BLANDO) el trazo es más grueso y negro.

Al lápiz duro se le designa con la letra H.
Al lápiz blando con la letra B.

Y hay una escala que puede ir del 8B -el más blando- al 8H -el más duro-.

Observa en este recuadro qué trazo tiene cada clase de lápiz.

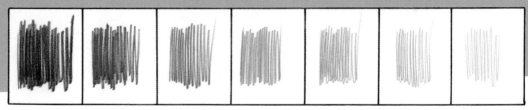

Como ves, hay un lápiz para cada tipo de trabajo. Si haces un apunte rápido en el que es más importante la intensidad de la línea que la precisión, puedes utilizar un lápiz blando (un 2B, por ejemplo).

Si, por el contrario, tienes que hacer un dibujo muy pensado y detallado, en el que cada línea ocupe su preciso lugar, debes usar un lápiz duro (prueba con un H).

Si queremos sacarle el mejor partido, lo primero que hay que aprender es que un lápiz no se puede coger de cualquier forma.

¡Moviendo el lápiz!

Lo primero que os voy a mostrar es cómo **NO** se debe coger nunca un lápiz:

ASÍ, COMO ALGUNOS DE VOSOTROS LO SUJETÁIS.

Si lo cogéis así, no podréis ver la punta porque os la tapa vuestra propia mano y os veréis obligados a bajar mucho la cabeza para ver el dibujo, adoptando una mala postura.

UN LÁPIZ EN LA MANO

Dependiendo del tamaño del dibujo y de la fase en que lo tengamos (encaje, desarrollo o acabado) hay varias formas de coger el lápiz, porque no sólo son los dedos los que lo mueven . El lápiz también se desliza por el papel movido por toda la mano gracias al juego de la muñeca, e incluso con movimientos del brazo entero.

DIBUJOS GRANDES

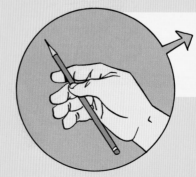

Cuando planteemos las primeras líneas de un dibujo grande cogeremos así el lápiz porque los trazos son amplios y los haremos con todo el brazo.

El lápiz queda bastante suelto, sujeto sólo por el índice y el pulgar.

Al seguir con el dibujo zona por zona cogeremos de esta otra forma el lápiz, porque lo que trabaja ahora es la muñeca.

El pulgar, el índice y el dedo medio sujetan la punta mientras el resto del lápiz queda dentro de la mano.

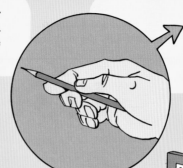

El lápiz se apoya en el pulgar, el índice y el dedo medio. Y la mano se apoya en el papel.

Y en los acabados y detalles cogeremos así el lápiz y moveremos sólo los dedos.

DIBUJOS PEQUEÑOS

Para las líneas amplias y el trazado de grises sujetar así:

Sobre el pulgar, el índice y el medio con el lápiz dentro de la mano y apoyado levemente en el papel.

Para el detalle y el acabado:

La posición que ya conocemos, con la mano bien apoyada en el papel para controlar mejor el pulso.

Si os fijáis en todas esas posiciones de la mano y el lápiz veréis que la punta sobresale bastante del final de los dedos porque de esta forma el lápiz se controla mejor y vemos todo el trazo de lo que estamos dibujando.

¿Y ahora a qué esperáis? ¡A practicar!

Donde se muestra que un lápiz no es un palo que hace rayas. Su variedad y ductilidad hacen de él el más rico de los instrumentos.

Los grises

Ya sabéis que en el mundo del dibujo no todo es negro sobre blanco.

Existe también el inmenso y sugerente reino de los grises.

Los lápices son máquinas perfectas de hacer grises. Pero, como ocurre con todas las máquinas, primero hay que saber bien cómo funcionan.

Los grises con el lápiz se consiguen de tres formas: con el ángulo de inclinación del lápiz sobre el papel, con la presión con que apretamos el lápiz sobre el papel y con el grado de dureza del lápiz (recuerda la lección del lápiz blando o duro).

Con este gráfico lo entenderéis bien.

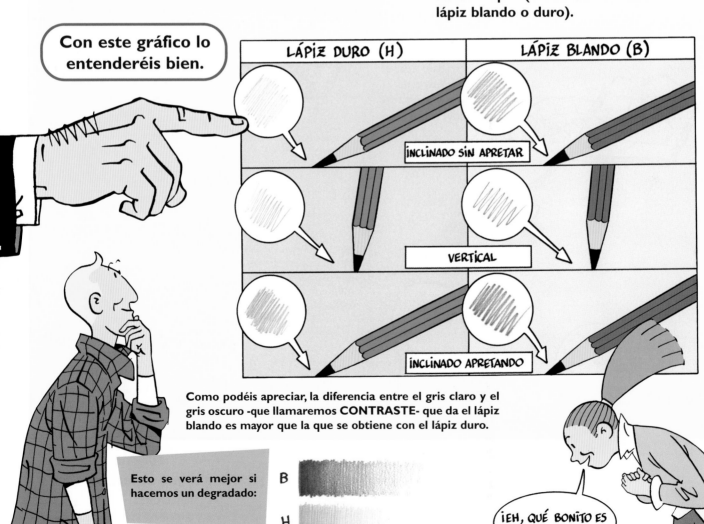

LÁPIZ DURO (H)   LÁPIZ BLANDO (B)

INCLINADO SIN APRETAR

VERTICAL

INCLINADO APRETANDO

Como podéis apreciar, la diferencia entre el gris claro y el gris oscuro -que llamaremos **CONTRASTE**- que da el lápiz blando es mayor que la que se obtiene con el lápiz duro.

Esto se verá mejor si hacemos un degradado:

B

H

¡EH, QUÉ BONITO ES UN DEGRADADO!

¿CÓMO PODEMOS HACER UN DEGRADADO?

Con la mayor o menor presión ejercida sobre el lápiz en un mismo trazo continuo.

¿Lo veis? Con un solo lápiz -en este caso un **B**- se pueden obtener varios grises distintos.

APRETANDO MUCHO

APRETANDO POCO

SIN APRETAR

UN EJERCICIO: coged tres lápices, un **4B** (para conseguir negros intensos), un **B** (para grises fuertes) y un **H** (para grises claros) y haced una **GAMA DE GRISES**.

¿UNA GAMA?

4B	B	H

Sí, una serie de grises distintos, de oscuro a claro, que os servirán para utilizarlos en distintas partes de un dibujo y conseguir así **PROFUNDIDAD, CONTRASTE Y VOLUMEN.**

Mirad este ejemplo.

Este dibujo está hecho con todos los grises de la gama que nos hemos fabricado más arriba. ¡Sus combinaciones son infinitas!

AHORA OS TOCA TRABAJAR A VOSOTROS:

Coged tres lápices (4B, B y H) y un montón de papel y lo llenáis de trazos, líneas, manchas, grises, degradados... ¡¡Practicad, practicad, practicad!!

33

Llegan los consejos y los pequeños trucos para que tu lápiz goce de buena salud y dé lo mejor de sí.

Punta y goma

Antes de poneros a dibujar os tenéis que asegurar de tener todos vuestros lápices en condiciones, o sea **BIEN AFILADOS**.

Porque un lápiz sin punta no es un lápiz.

Esto es un palo.   Esto es un lápiz.

SACAR PUNTA

El sacapuntas debe dejar la punta en forma de cono largo. Hay que evitar los sacapuntas que hacen una punta corta.

Punta incorrecta.   **Punta correcta.**

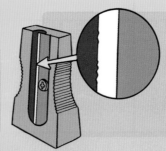

Hay que tener en cuenta que la cuchilla del sacapuntas se desgasta con el uso y acaba astillando la madera y rompiendo la mina. Es el momento de cambiar el sacapuntas por uno nuevo.

Con una **CUCHILLA** se consigue esta punta. Es la mejor punta para dibujar.

Pero hay que tener un poco de paciencia porque sacar punta cuesta un poco más de tiempo y hay que hacerlo con cuidado para no cortarnos.

Se hace así: con el dedo pulgar que sujeta el lápiz acompañamos hacia adelante y dirigimos la acción de la cuchilla.

Y si quieres sacar punta a la punta utiliza un trozo de papel de lija.

Frotando suavemente conseguirás esta punta.

A veces la punta sale sola:

Si estás haciendo grises con un lápiz, o sea, si estás trabajando en esta posición:

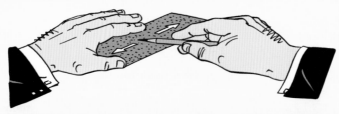

Basta con que le des la vuelta al lápiz para obtener esta punta y poder hacer trazos finos.

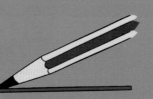

UN CONSEJO

Si el lápiz se te ha quedado pequeño y ya no puedes sujetarlo correctamente con la mano ¡no lo tires! Pues aún puedes usarlo un tiempo más si lo acoplas a un portalápices.

RECUERDA

Cuida tus lápices.
Procura que no caigan al suelo, pues si esto ocurre, aunque tú no lo veas, la mina, por dentro, se puede romper.

BORRAR

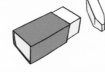

¡ÉSTA SE PASA TODO EL RATO BORRANDO!

¿YOOO?

La goma es un instrumento imprescindible, pero erosiona el papel; de modo que hay que utilizarla sólo cuando es necesario. Además, te habrás dado cuenta de que el lápiz duro cuesta de borrar y el blando se borra con facilidad, pero si no se hace con cuidado puede dejar unas manchas negras.

La goma se usa **AL COMIENZO DEL DIBUJO** para eliminar líneas que no sirven, en **EL TRANSCURSO DEL TRABAJO** para corregir, y **AL FINAL** para sacar blancos.

¿BLANCOS?

Sí, brillos, toques de luz. Imagina que tienes este dibujo de grises y quieres darle más volumen.

Coge una goma, cortas un trozo, le sacas punta y podrás borrar con precisión allí donde quieras conseguir el blanco.

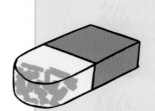

¡QUÉ GUAY QUEDA ASÍ!

UN CONSEJO

Si se te ha acabado la goma, has perdido la de repuesto, las tiendas están cerradas y no tienes a nadie que te preste una... puedes utilizar una miga de pan. Aprétala con los dedos y borra con ella. Haz la prueba... ¡pero luego no te la comas!

RECUERDA

Si te ha quedado la goma sucia después de borrar, límpiala o te ensuciará el dibujo cuando la vuelvas a usar. Para ello bastará con que la frotes sobre un papel blanco o que la recortes un poco con la cuchilla.

Es negra y mancha un montón. Por eso algunos le tenéis miedo. Pero cuando la lleguéis a conocer bien os daréis cuenta de lo bonita que es.

¡A por la tinta!

¡CÓMO ME GUSTA LA TINTA CHINA!

MM... YA LO VEO. LA CUESTIÓN ES SI TÚ LE GUSTAS A ELLA.

La tinta china es un fluido negro, denso, opaco y resistente al agua y a la luz.

SÍ, SÍ, YA LO SABEMOS: HAY QUE CONOCER BIEN LA TINTA PARA USARLA EN TODAS SUS POSIBILIDADES.

Muy bien.

PUES VAMOS ALLÁ.

La tinta se aplica principalmente con **PLUMA, PINCEL Y ESTILÓGRAFO**

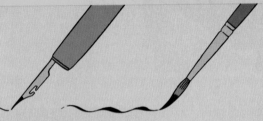

El estilógrafo es un instrumento de punta rígida con el que se consigue una línea uniforme.

El pincel y la pluma, al ser flexibles, dan más dinamismo a la línea.

EL PINCEL

Es importante que sea un buen pincel, como los de acuarela.

¿CÓMO SABREMOS SI LO ES?

Esto se puede hacer con el pincel.

¡GUAU!

Mójalo en agua y escúrrelo. La punta debe quedar así...

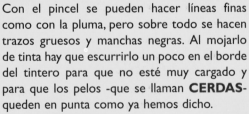

...y no así.

Con el pincel se pueden hacer líneas finas como con la pluma, pero sobre todo se hacen trazos gruesos y manchas negras. Al mojarlo de tinta hay que escurrirlo un poco en el borde del tintero para que no esté muy cargado y para que los pelos -que se llaman **CERDAS**- queden en punta como ya hemos dicho.

Tú también lo puedes hacer. Ya sabes cómo.

¿PRACTICANDO?

LA PLUMA

También llamada plumilla, no es tan flexible como el pincel pero, según su grado de inclinación y la presión con que la apretemos, da una gran variedad de trazos.

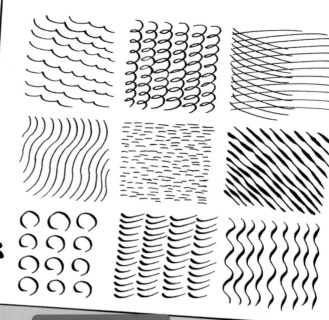

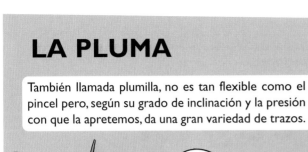

Trazo regular.

Modulación del grosor.

He aquí varios ejemplos:

Pero además se pueden hacer... ¡grises!

¿GRISES? ¿CÓMO? SI LA TINTA ES NEGRA.

Con TRAMAS.

¿TRAMAS?

Una trama es el cruce de líneas finas, paralelas y continuas que produce, al mirarlas en conjunto, la sensación de gris.

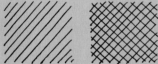

También se pueden hacer degradados combinando la trama con la separación de las líneas.

RECUERDA

Ya puedes pasar a tinta tus dibujos! Para ello el dibujo debe hacerse con un lápiz duro y sin apretar mucho. Así, al terminar la tinta, con un toque de goma borrarás el lápiz que aún se vea.

Y cuando menos te lo esperes podrás hacer dibujos directamente a tinta. Pero para llegar ahí antes tienes que...

¡PRACTICAR, PRACTICAR, PRACTICAR!

Y CUANDO CREAS QUE YA HAS PRACTICADO BASTANTE... ¡VUELVE A COMENZAR!

La estrategia

¿ESTRATEGIA?

¿COMO EN EL AJEDREZ?

¿COMO EN ESTE VÍDEOJUEGO?

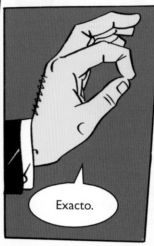

Exacto.

¿Y QUÉ TIENE QUÉ VER LA ESTRATEGIA CON EL DIBUJO?

La estrategia es el arte de llevar un asunto de la forma que mejor nos haga conseguir el objetivo deseado.

En las lecciones anteriores ya hemos hablado de los materiales y del lugar de trabajo.

A partir de ahora comienza un largo recorrido que tenéis que completar para conseguir vuestro objetivo: ser dibujantes. Y para hacerlo lo mejor posible hay que saber marcarse un camino.

PLANIFICAR UNA...

¡ESTRATEGIA!

Ya sabemos que para vosotros el dibujo es una diversión, pero también debéis pensar en él como una materia que se debe estudiar.

¿ESTUDIAR?

¡HEY, AHORA RECUERDO QUE HE QUEDADO CON LOS AMIGOS PARA JUGAR!

Un momento. Hay tiempo para todo, para jugar y para estudiar.

EL TIEMPO

Piensa en los días que tiene la semana, cuenta las horas del día que dedicas al cole y a tus otras actividades y calcula el tiempo que puedes dedicar al dibujo cada día.

LOS OBJETIVOS

Ahora que has decidido emplear todo ese tiempo debes saber que vas a empezar por lo más básico y avanzar poco poco, repasando constantemente lo aprendido y haciendo ejercicios y prácticas sin cesar. Tienes que marcarte unos objetivos diarios. Por ejemplo:

Sí, el próximo día que nos veamos te enseñaré cómo puedes tomarte un respiro... y seguir dibujando.

Como ya sabéis, hacer un dibujo no es hacer rayas a tontas y a locas. Cuando comienza un dibujo, el artista debe tener una serie de cosas claras en la cabeza.

Qué dibujar

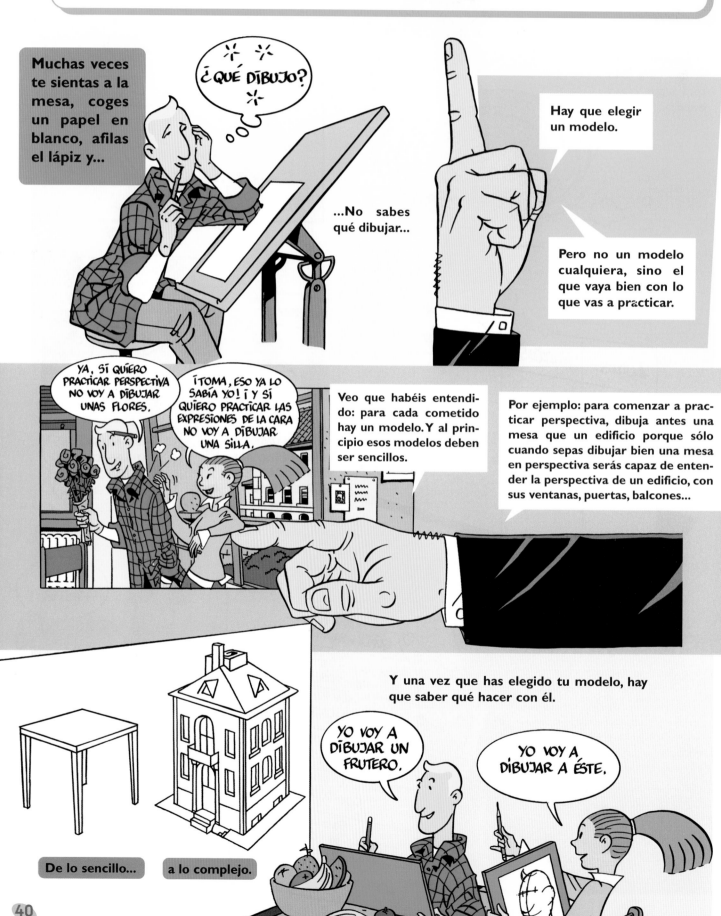

Muchas veces te sientas a la mesa, coges un papel en blanco, afilas el lápiz y...

¿QUÉ DIBUJO?

...No sabes qué dibujar...

Hay que elegir un modelo.

Pero no un modelo cualquiera, sino el que vaya bien con lo que vas a practicar.

YA, SI QUIERO PRACTICAR PERSPECTIVA NO VOY A DIBUJAR UNAS FLORES.

¡TOMA, ESO YA LO SABÍA YO! ¡Y SI QUIERO PRACTICAR LAS EXPRESIONES DE LA CARA NO VOY A DIBUJAR UNA SILLA.

Veo que habéis entendido: para cada cometido hay un modelo. Y al principio esos modelos deben ser sencillos.

Por ejemplo: para comenzar a practicar perspectiva, dibuja antes una mesa que un edificio porque sólo cuando sepas dibujar bien una mesa en perspectiva serás capaz de entender la perspectiva de un edificio, con sus ventanas, puertas, balcones...

Y una vez que has elegido tu modelo, hay que saber qué hacer con él.

YO VOY A DIBUJAR UN FRUTERO.

YO VOY A DIBUJAR A ÉSTE.

De lo sencillo... a lo complejo.

Sí, pero el dibujo lo vais a hacer ¿grande o pequeño? ¿Solo o con fondo? ¿Sin margen o con un recuadro? ¿Abocetado o acabado?

¡EH, CUÁNTAS PREGUNTAS HACES!

No, te las tienes que hacer tú delante de tu modelo antes de comenzar, mirándolo con calma. Y sólo cuando te las hayas respondido ¡te tiras sobre el papel como una fiera!

EL CAJÓN DE LOS TRUCOS

Os voy a contar cómo solucionar tres problemas con los que os vais a encontrar ahora que os habéis lanzado sobre el papel como fieras.

CUANDO TE CANSES

Llevas tanto tiempo pegado al papel que ya no ves nada: ni los problemas que te plantea el dibujo ni cómo solucionarlos.

Déjalo y olvídate de él... por unas horas. Al día siguiente, con la cabeza fresca, el dibujo te parecerá otro y tus ojos lo verán de otra forma.

CUANDO TE DESANIMES

¡BUF, CADA VEZ DIBUJO PEOR!

Ve al cajón donde guardas tus dibujos de hace un año y míralos.

¡JA!

¡EH, AHORA LO HAGO MUCHO MEJOR!

¡VOY A SEGUIR!

CUANDO PIERDAS INTERÉS

ME ABURRO,

Échale un poco de teatro: imagina que tu dibujo es un importante encargo, por ejemplo, la mascota de una Exposición Universal.

¡OH, MILES DE PERSONAS LO MIRARÁN! ¿NO?

Lección 17

Para que todo dibujo tenga un buen resultado, debemos comenzar por...

El encaje

Hagamos un experimento: vamos a dibujar algo comenzándolo por un lado y terminándolo por otro sin fijarnos en el conjunto. Lo más seguro es que nos quede así:

Todo dibujo tiene un proceso: hay que comenzarlo con un sencillo esquema de colocación del conjunto para llegar, paso a paso, a las líneas definitivas.

¿Por qué? Pues porque no hemos tenido en cuenta que el modelo forma un conjunto. ¡Hasta se nos ha salido del papel!

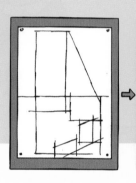
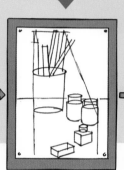

A ese comienzo se le llama encajar.

ESO SUENA COMO METER ALGO EN UNA CAJA.

Pues de eso se trata.
EL ENCAJE ES TRAZAR UNA SERIE DE LÍNEAS, FORMANDO SENCILLAS FIGURAS GEOMÉTRICAS, DENTRO DE LAS CUALES SE SITUARÁ EL TEMA QUE QUEREMOS DIBUJAR.

¡SOCORRO!

¿QUÉ PASA? ¡ESTOY ENCAJANDO A ÉSTA!

¡Qué bruto eres! Lo de la caja es una metáfora.

¿PERO NO ERA ÉSTA LA CLASE DE DIBUJO?

Te lo explicaré de forma más sencilla. Ve a la cocina y coge las frutas y verduras que tengas allí.

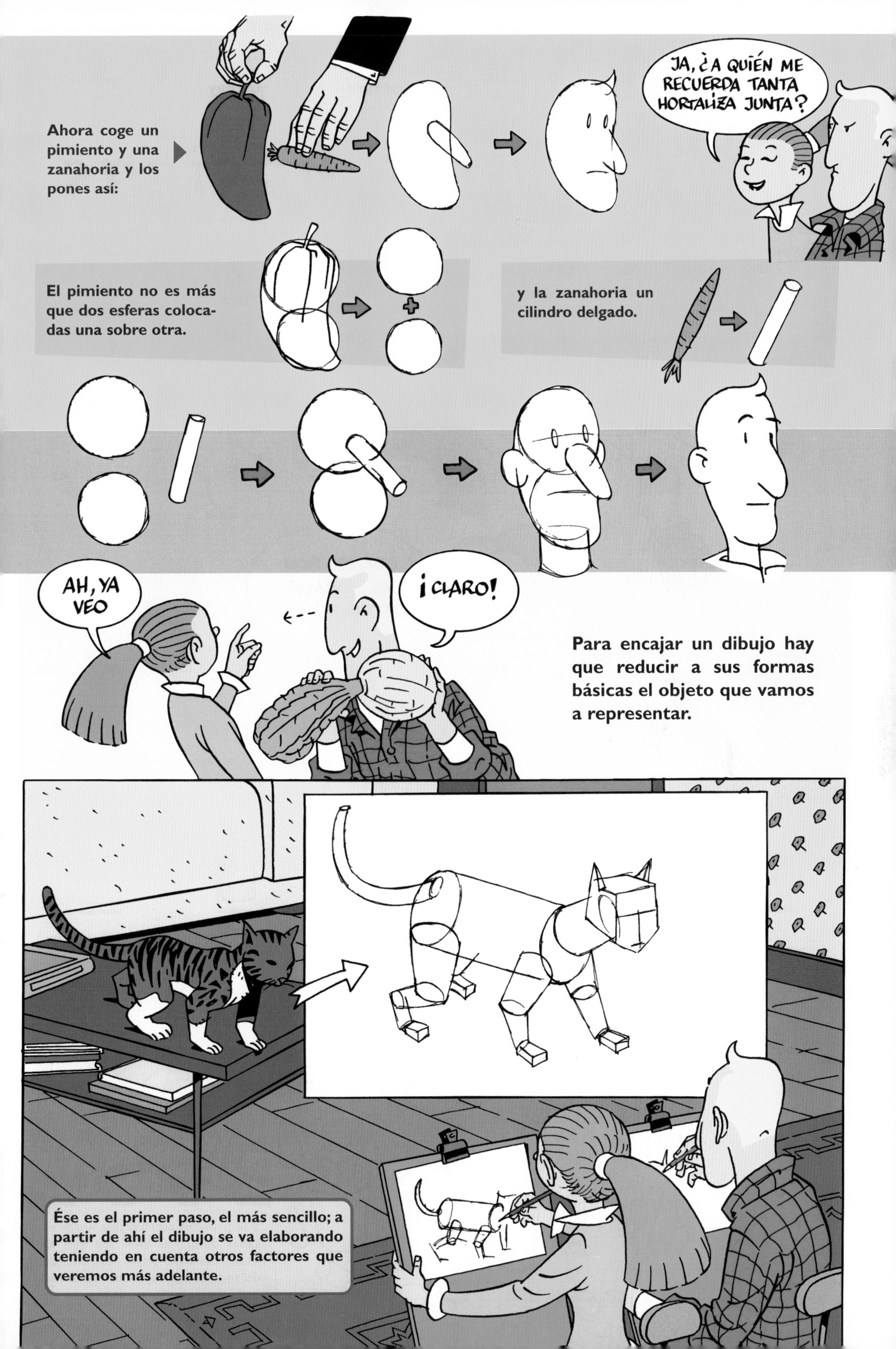
Ahora coge un pimiento y una zanahoria y los pones así:
JA, ¿A QUIÉN ME RECUERDA TANTA HORTALIZA JUNTA?
El pimiento no es más que dos esferas colocadas una sobre otra.
y la zanahoria un cilindro delgado.
AH, YA VEO
¡CLARO!
Para encajar un dibujo hay que reducir a sus formas básicas el objeto que vamos a representar.
Ése es el primer paso, el más sencillo; a partir de ahí el dibujo se va elaborando teniendo en cuenta otros factores que veremos más adelante.

Están debajo de cada dibujo, como una estructura invisible que hay que saber manejar si queremos construir bien un dibujo.

Las formas básicas

Ya dijimos en la sección anterior lo que era el encaje y que para encajar bien había que saber reducir todo lo que queramos dibujar a sus formas geométricas básicas.

...al modelo más complejo.

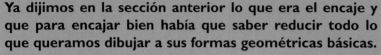

Del más sencillo objeto...

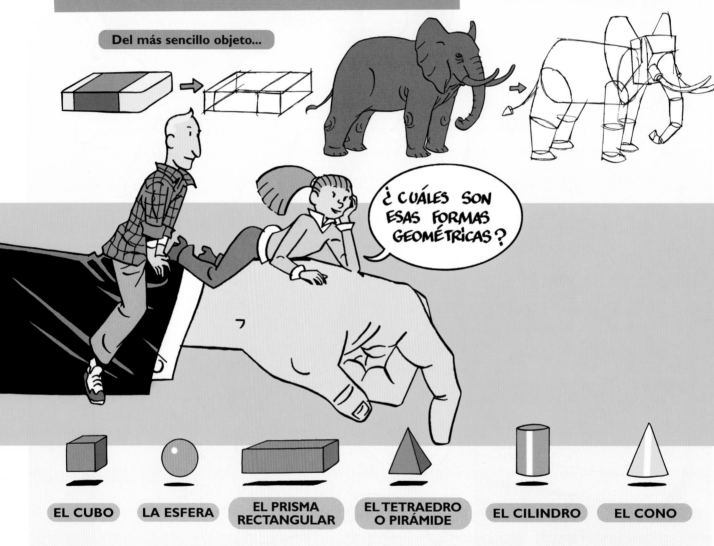

¿CUÁLES SON ESAS FORMAS GEOMÉTRICAS?

EL CUBO   **LA ESFERA**   **EL PRISMA RECTANGULAR**   **EL TETRAEDRO O PIRÁMIDE**   **EL CILINDRO**   **EL CONO**

Y lo primero que hay que hacer es saber dibujarlas bien. Así que ya estáis llenando hojas con dibujos de todas ellas, de todos los tamaños y en todas las posiciones.

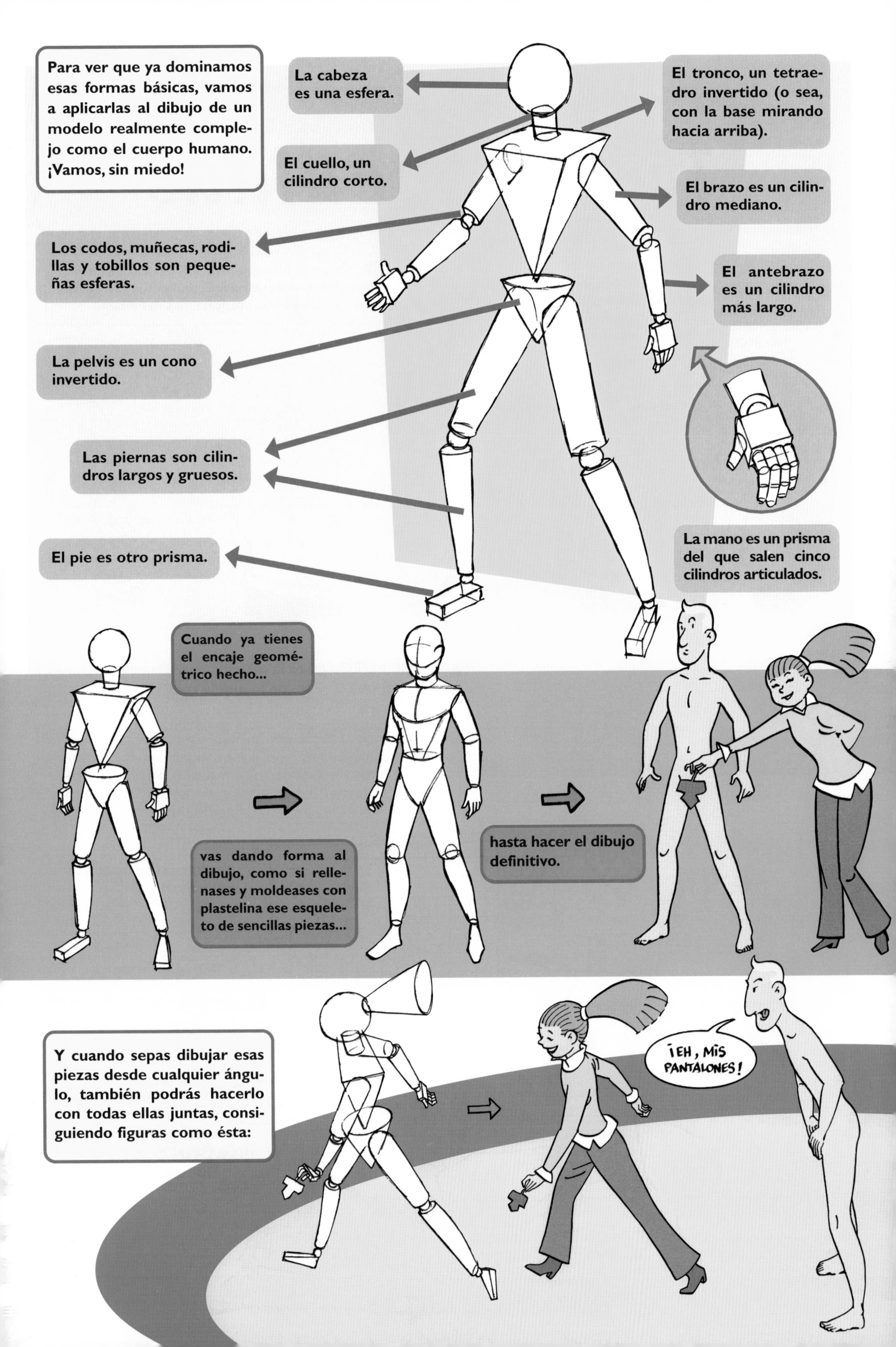
Para ver que ya dominamos esas formas básicas, vamos a aplicarlas al dibujo de un modelo realmente complejo como el cuerpo humano. ¡Vamos, sin miedo!
La cabeza es una esfera.
El tronco, un tetraedro invertido (o sea, con la base mirando hacia arriba).
El cuello, un cilindro corto.
El brazo es un cilindro mediano.
Los codos, muñecas, rodillas y tobillos son pequeñas esferas.
El antebrazo es un cilindro más largo.
La pelvis es un cono invertido.
Las piernas son cilindros largos y gruesos.
El pie es otro prisma.
La mano es un prisma del que salen cinco cilindros articulados.
Cuando ya tienes el encaje geométrico hecho...
vas dando forma al dibujo, como si rellenases y moldeases con plastelina ese esqueleto de sencillas piezas...
hasta hacer el dibujo definitivo.
Y cuando sepas dibujar esas piezas desde cualquier ángulo, también podrás hacerlo con todas ellas juntas, consiguiendo figuras como ésta:
¡EH, MIS PANTALONES!

Lección 19

Donde estudiaremos las proporciones, que son imprescindibles para construir bien un dibujo.

Tomar medidas

PROPORCIÓN es la relación entre las dimensiones de un objeto y las de lo que le rodea.

Mira, cuando dibujas un paisaje está claro que no lo haces a tamaño real. Pues para reducir las dimensiones de los objetos del paisaje -el árbol, el motivo, el castillo- al formato de tu hoja en blanco, tienes que fijarte en la relación de los tamaños que tienen entre sí esos objetos.

De lo contrario te puede salir esto:

Si el dibujante que nos dibuja no tuviese en cuenta nuestras proporciones, podríamos ser así:

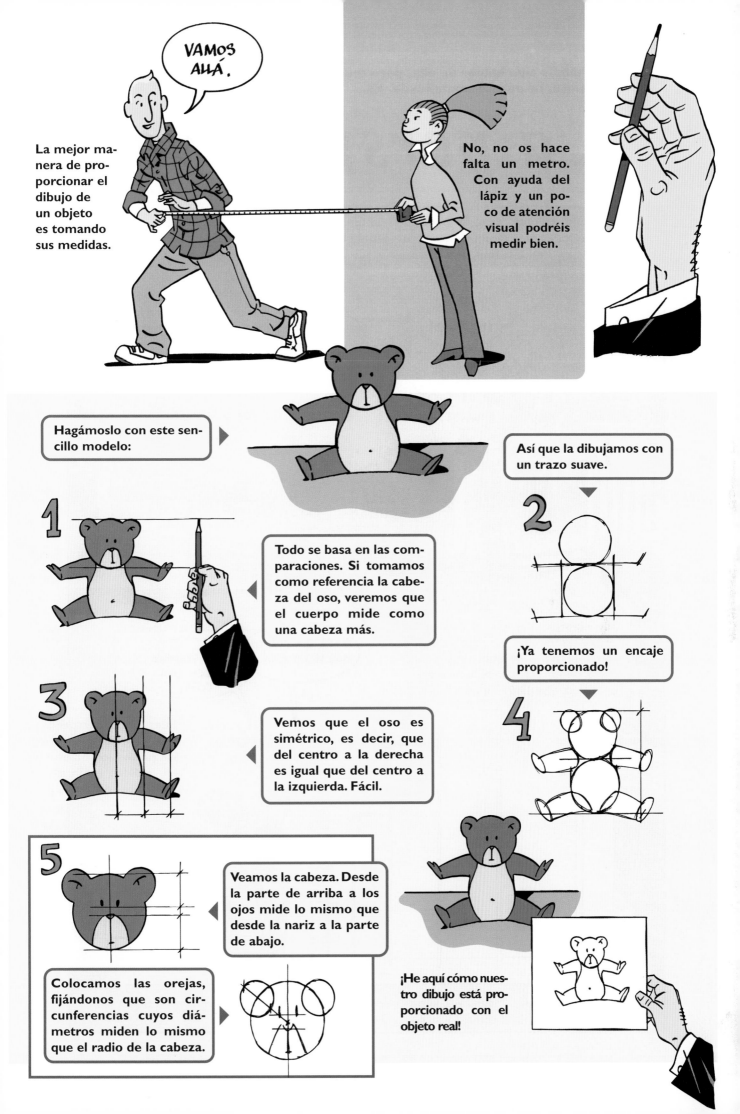

VAMOS ALLÁ.

La mejor manera de proporcionar el dibujo de un objeto es tomando sus medidas.

No, no os hace falta un metro. Con ayuda del lápiz y un poco de atención visual podréis medir bien.

Hagámoslo con este sencillo modelo:

Así que la dibujamos con un trazo suave.

1

Todo se basa en las comparaciones. Si tomamos como referencia la cabeza del oso, veremos que el cuerpo mide como una cabeza más.

2

¡Ya tenemos un encaje proporcionado!

3

Vemos que el oso es simétrico, es decir, que del centro a la derecha es igual que del centro a la izquierda. Fácil.

4

5

Veamos la cabeza. Desde la parte de arriba a los ojos mide lo mismo que desde la nariz a la parte de abajo.

Colocamos las orejas, fijándonos que son circunferencias cuyos diámetros miden lo mismo que el radio de la cabeza.

¡He aquí cómo nuestro dibujo está proporcionado con el objeto real!

Todos habéis oído hablar de ella, pero muy pocos la conocéis, porque, a pesar de ser muy bonita, os parece complicada. Es...

La perspectiva

¿Te has fijado en que, cuando haces un dibujo, estás metiendo objetos que tienen tres dimensiones en un papel que sólo tiene dos?

Esa magia se llama **PERSPECTIVA.**

¡ES MAGIA!

Gracias a la perspectiva las cosas que dibujas guardan su posición y su tamaño real dentro del dibujo.

Por ejemplo, vosotros sabéis que todas las farolas son del mismo tamaño, pero la que está más cerca de nosotros se ve más grande que la que está al fondo.

O SEA QUE CUANTO MÁS LEJOS ESTÁ...

...MÁS PEQUEÑA PARECE UNA COSA.

Pues es la perspectiva la que hace que puedas dibujar juntos los objetos que en realidad están situados a distintas distancias.

Como ves, la perspectiva es imprescindible para que tus dibujos sean "reales" y se parezcan al modelo.

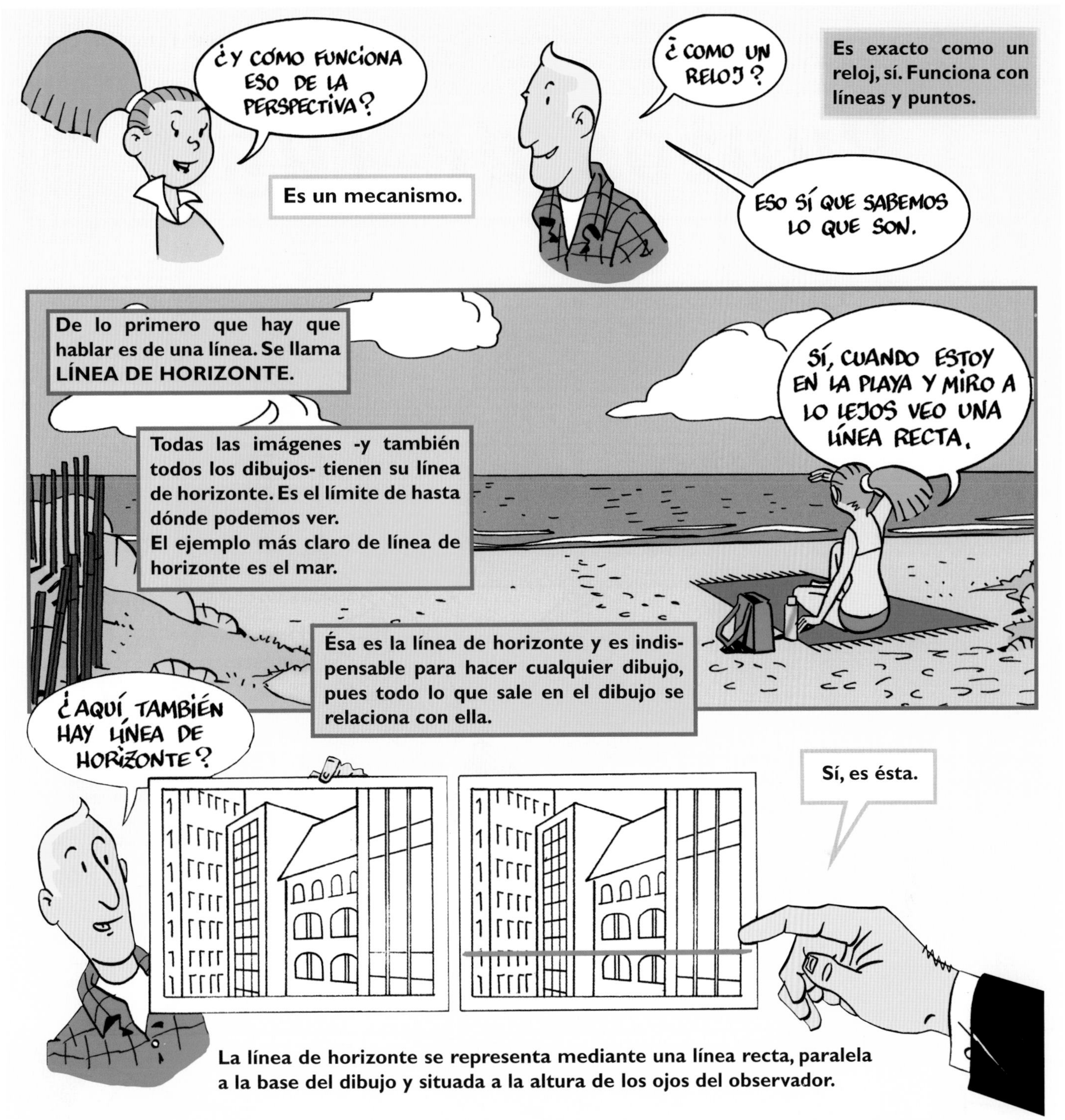
¿Y CÓMO FUNCIONA ESO DE LA PERSPECTIVA?
Es un mecanismo.
¿COMO UN RELOJ?
Es exacto como un reloj, sí. Funciona con líneas y puntos.
ESO SÍ QUE SABEMOS LO QUE SON.
De lo primero que hay que hablar es de una línea. Se llama LÍNEA DE HORIZONTE.
Todas las imágenes -y también todos los dibujos- tienen su línea de horizonte. Es el límite de hasta dónde podemos ver.
El ejemplo más claro de línea de horizonte es el mar.
SÍ, CUANDO ESTOY EN LA PLAYA Y MIRO A LO LEJOS VEO UNA LÍNEA RECTA.
Ésa es la línea de horizonte y es indispensable para hacer cualquier dibujo, pues todo lo que sale en el dibujo se relaciona con ella.
¿AQUÍ TAMBIÉN HAY LÍNEA DE HORIZONTE?
Sí, es ésta.
La línea de horizonte se representa mediante una línea recta, paralela a la base del dibujo y situada a la altura de los ojos del observador.

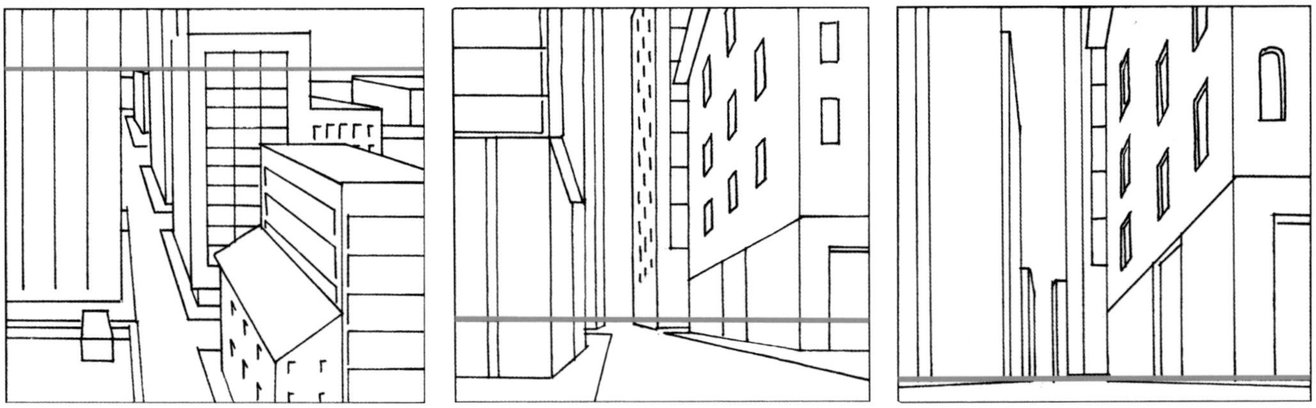

Si subes a la terraza de tu casa, como tu punto de vista es alto, tendrás que trazar una línea de horizonte alta.

Si bajas a la calle, la línea de horizonte será media.

Y si te tumbas en el suelo, será baja.

Seguimos aprendiendo el mecanismo de la perspectiva. No hace falta mucha perspicacia para darse cuenta de que hay que ser persistente con ella.

Puntos de fuga

Coge papel y lápiz y toma como modelo, por ejemplo, la ventana de tu cuarto. Si la miras de frente, la dibujarás como en el caso 1.

2

O SEA, EN PERSPECTIVA.

1

Pero si te pones a un lado, tendrás que hacerla como en el caso 2.

Pero no en éste.

Como podéis apreciar, las líneas de arriba y abajo de la ventana son paralelas en este primer dibujo.

Y no lo son porque convergen en un punto de fuga.

¿CONVERGEN EN UN PUNTO DE FUGA?

CONVERGER EN UN PUNTO DE FUGA es ir a parar a un punto imaginario que suponemos en el límite del dibujo y que casi siempre está situado en la línea de horizonte. Cuando se dibuja en perspectiva, todas las líneas que de frente son paralelas se cruzan en ese punto.

Pero antes de seguir repasemos en el cubo, que es la forma básica que más vamos a usar, cuáles son las líneas que lo forman.

Las verticales.   Las horizontales.   Y las de profundidad.

Ahora veremos cómo se comportan todas en cada una de las tres perspectivas.

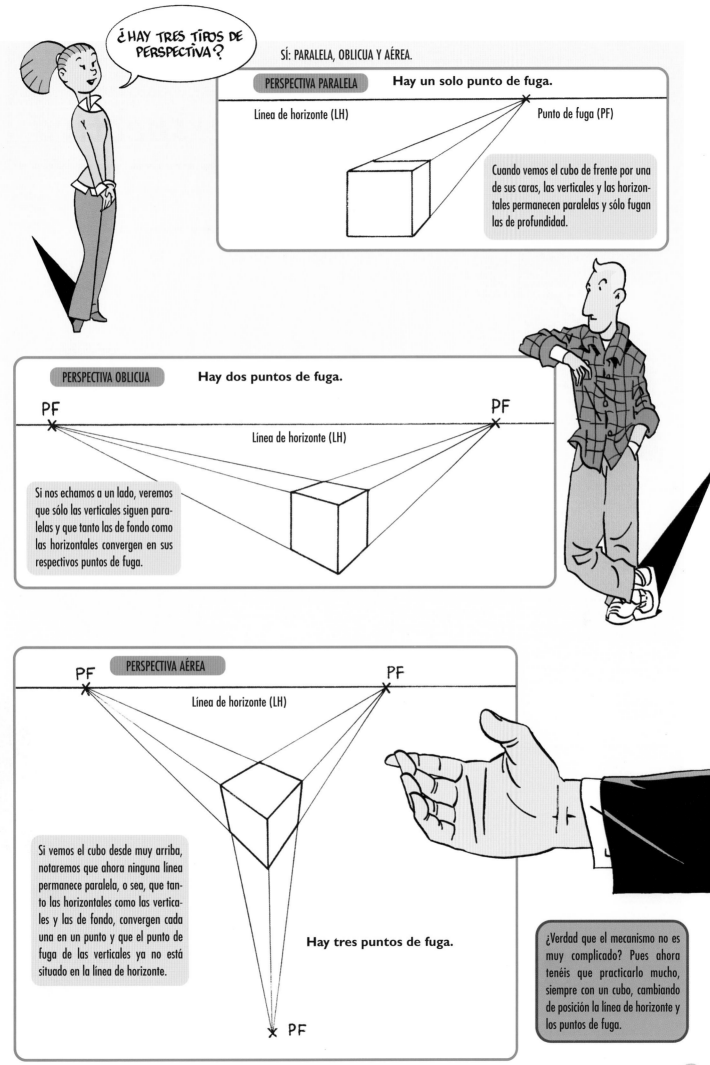

¿HAY TRES TIPOS DE PERSPECTIVA?

SÍ: PARALELA, OBLICUA Y AÉREA.

PERSPECTIVA PARALELA   Hay un solo punto de fuga.

Línea de horizonte (LH)   Punto de fuga (PF)

Cuando vemos el cubo de frente por una de sus caras, las verticales y las horizontales permanecen paralelas y sólo fugan las de profundidad.

PERSPECTIVA OBLICUA   Hay dos puntos de fuga.

PF   PF

Línea de horizonte (LH)

Si nos echamos a un lado, veremos que sólo las verticales siguen paralelas y que tanto las de fondo como las horizontales convergen en sus respectivos puntos de fuga.

PERSPECTIVA AÉREA

PF   PF

Línea de horizonte (LH)

Si vemos el cubo desde muy arriba, notaremos que ahora ninguna línea permanece paralela, o sea, que tanto las horizontales como las verticales y las de fondo, convergen cada una en un punto y que el punto de fuga de las verticales ya no está situado en la línea de horizonte.

Hay tres puntos de fuga.

✗ PF

¿Verdad que el mecanismo no es muy complicado? Pues ahora tenéis que practicarlo mucho, siempre con un cubo, cambiando de posición la línea de horizonte y los puntos de fuga.

Lección 22

Y ahora que llegamos a las aplicaciones prácticas de la perspectiva, vais a ver realmente lo importante y necesaria que es.

Cómo aprovechar la perspectiva

Cuando os hablé del encaje, quedamos en que íbamos a trabajar con seis formas geométricas básicas.

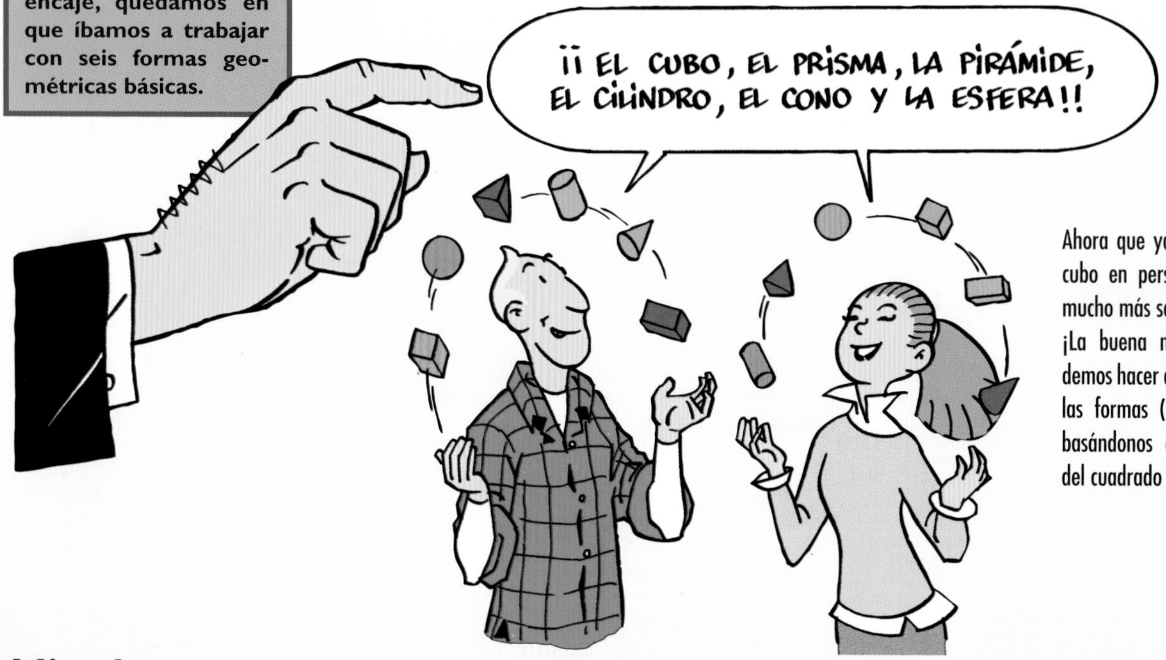
¡¡EL CUBO, EL PRISMA, LA PIRÁMIDE, EL CILINDRO, EL CONO Y LA ESFERA!!

Ahora que ya sabéis dibujar un cubo en perspectiva, todo será mucho más sencillo.
¡La buena noticia es que podemos hacer que converjan todas las formas (excepto la esfera) basándonos en la perspectivas del cuadrado y del cubo!

Mirad:

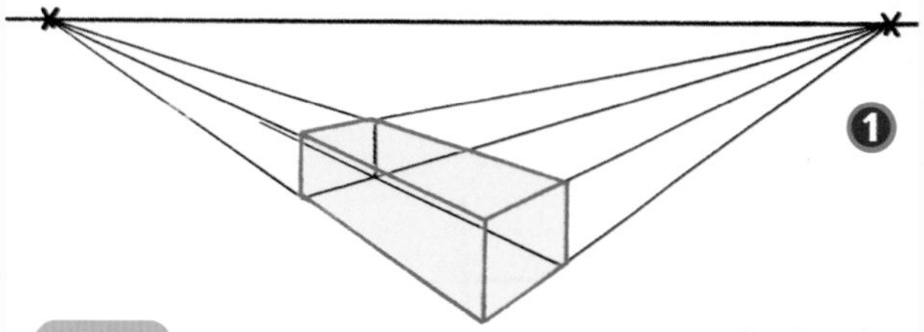

PRISMA

Como un cubo alargado.

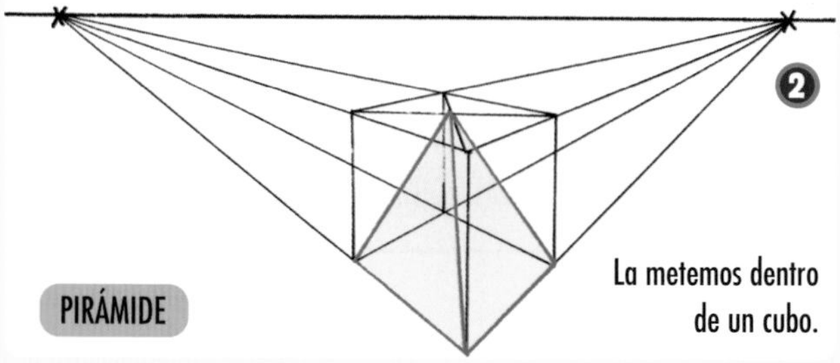

PIRÁMIDE

La metemos dentro de un cubo.

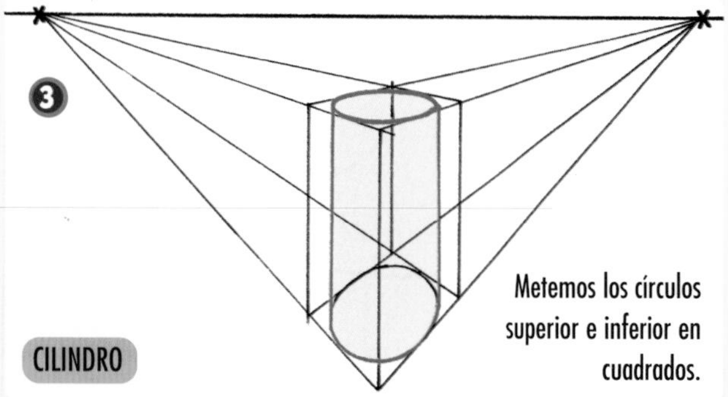

CILINDRO

Metemos los círculos superior e inferior en cuadrados.

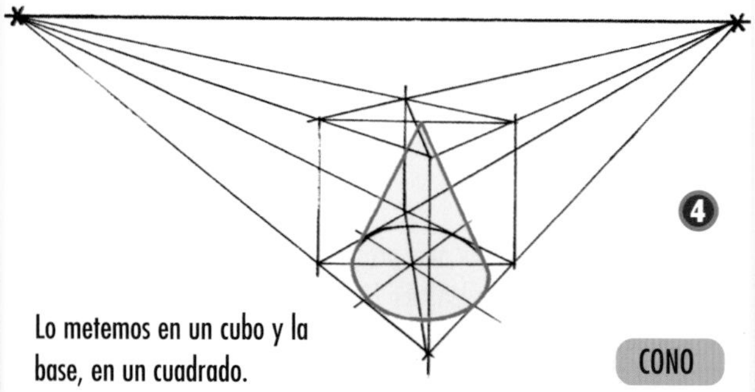

CONO

Lo metemos en un cubo y la base, en un cuadrado.

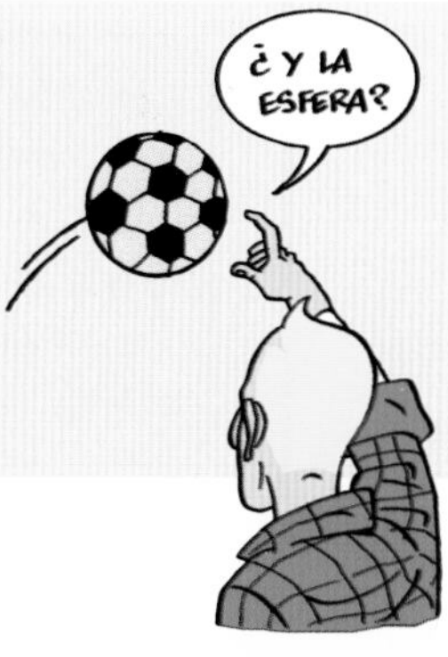
¿Y LA ESFERA?

La esfera, como no tiene superficies planas, podemos decir que tiene infinitas perspectivas.

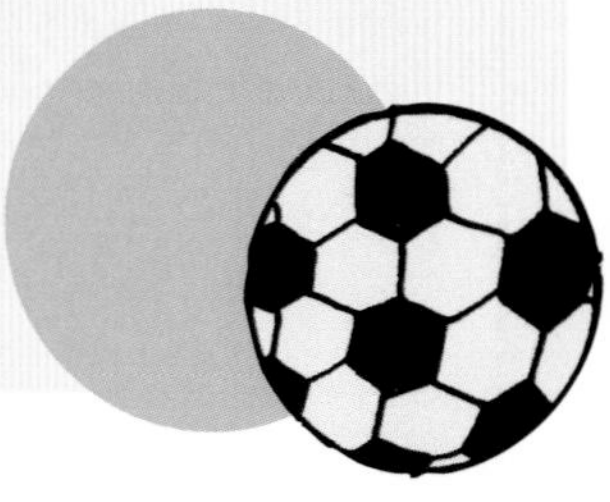

Y ahora...

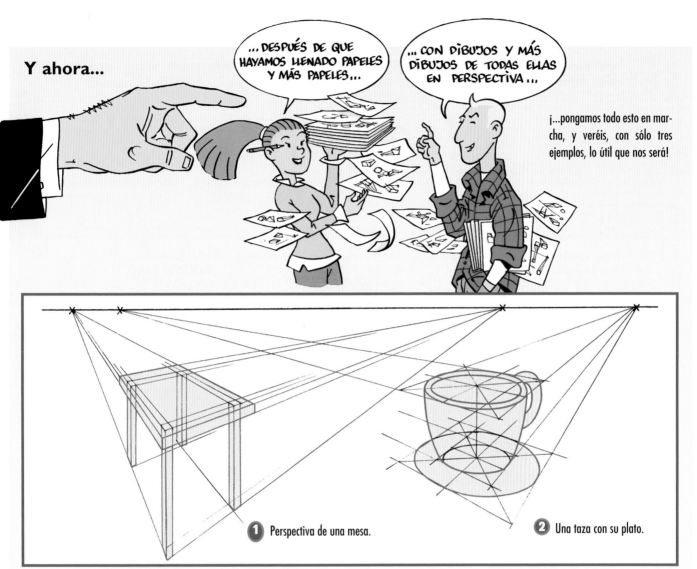

1 Perspectiva de una mesa.

2 Una taza con su plato.

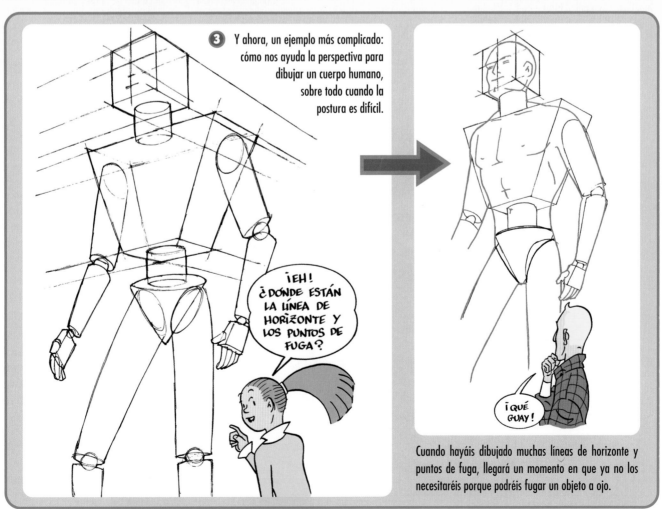

3 Y ahora, un ejemplo más complicado: cómo nos ayuda la perspectiva para dibujar un cuerpo humano, sobre todo cuando la postura es difícil.

Cuando hayáis dibujado muchas líneas de horizonte y puntos de fuga, llegará un momento en que ya no los necesitaréis porque podréis fugar un objeto a ojo.

Lección 23

Volvamos al dibujo como oficio. Hablemos de algo que es necesario si queremos tener una mano ágil y un ojo entrenado.

El apunte

El **APUNTE** es un dibujo del natural hecho rápidamente con pocas líneas.

¿ PARA QUÉ SIRVEN LOS APUNTES ?

Los apuntes dan seguridad a un dibujante y ayudan a crear lo que se llama OFICIO.

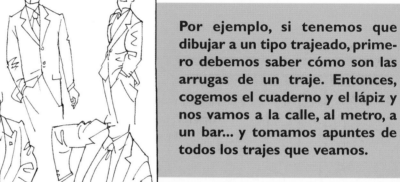

Pero también sirven para tener documentación sobre un modelo.

Por ejemplo, si tenemos que dibujar a un tipo trajeado, primero debemos saber cómo son las arrugas de un traje. Entonces, cogemos el cuaderno y el lápiz y nos vamos a la calle, al metro, a un bar... y tomamos apuntes de todos los trajes que veamos.

¡ PERO ESTO ES MUY DIFÍCIL, EL MODELO CASI NUNCA SE ESTÁ QUIETO !

Eso es lo bueno, porque así nos vemos obligados a observar y dibujar con rapidez: el ojo y la mano se hacen más ágiles.

Cuanto más practiquemos el apunte, más preparados estaremos cuando vayamos a hacer el dibujo definitivo.

¡SÍ, PERO MIS AMIGOS SE BURLAN DE LOS GARABATOS QUE HAGO EN MI CUADERNO DE APUNTES!

Tú ni caso. Los apuntes no tienen por qué ser dibujos perfectos. Son tan sólo rápidas aproximaciones a un modelo o a parte de un modelo, pero diez apuntes de este modelo tienen más valor que un solo dibujo acabado del mismo.

Para ser un buen dibujante de apuntes hace falta:

¡¡LLEVAR SIEMPRE ENCIMA UN PEQUEÑO BLOC Y UN LÁPIZ!!

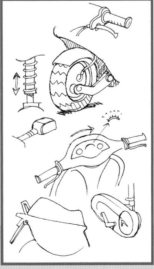

Saber dibujar lo esencial: como son dibujos rápidos, hay que utilizar pocas líneas para hacerlos y, por fuerza, éstas deben ser las más importantes. Así aprendemos a dibujar lo básico y a olvidar lo superfluo.

Ser capaz de dibujar cualquier tema, desde el modelo más interesante hasta el detalle más modesto.

Y ASÍ SE CREA MEMORIA VISUAL.

En la lección 17 estudiamos el encaje. Ahora sabréis qué es un esquema y un boceto y qué relación hay entre los tres.

Esquema, boceto y encaje

El planteamiento inicial de un dibujo casi nunca es el definitivo, pues para conseguir un resultado que nos guste, el dibujo se ve sometido en su comienzo a continuos cambios y supervisiones. Ese trabajo de aproximación se llama realizar un esquema o esbozar.

El **ESQUEMA** es un dibujo hecho sin detalles, planteado sólo en líneas generales.

¿ENTONCES UN ESQUEMA NO ES UN APUNTE?

No, el apunte es un dibujo por sí mismo y el esquema es el comienzo de todo dibujo.

Tú estás frente a tu papel en blanco. Como ya sabes, no puedes comenzar el dibujo por un lado y terminarlo por otro así, sin más.

Tienes que trazar con líneas rápidas (que puedas borrar en cualquier momento) una aproximación al dibujo: dónde lo vas a situar, a qué tamaño lo vas a hacer, con qué elementos, desde qué punto de vista...

El esquema te sirve para contestar a todo eso.

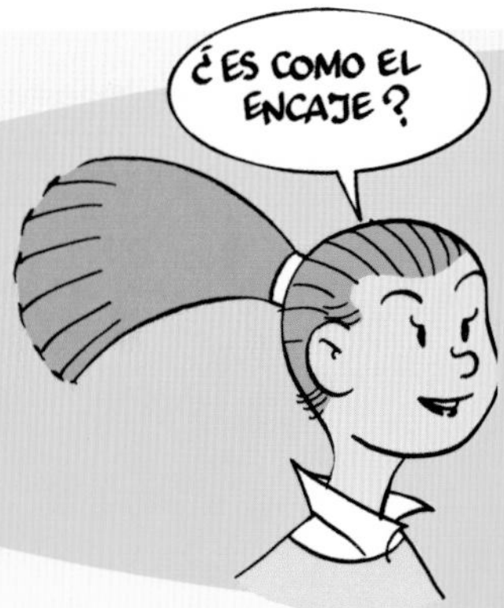
¿ES COMO EL ENCAJE?

Va antes del encaje, es la preparación al encaje.

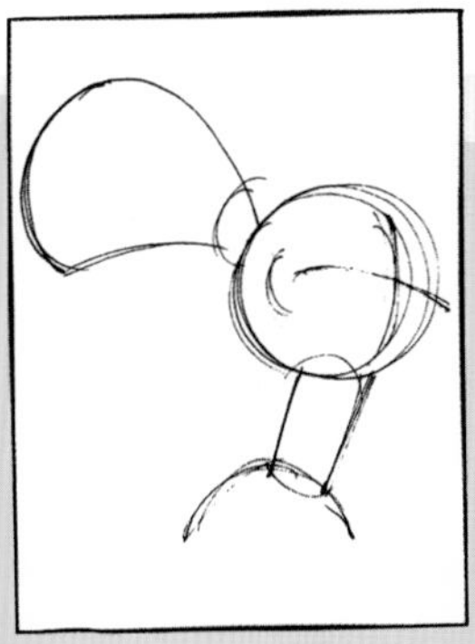

ESQUEMA

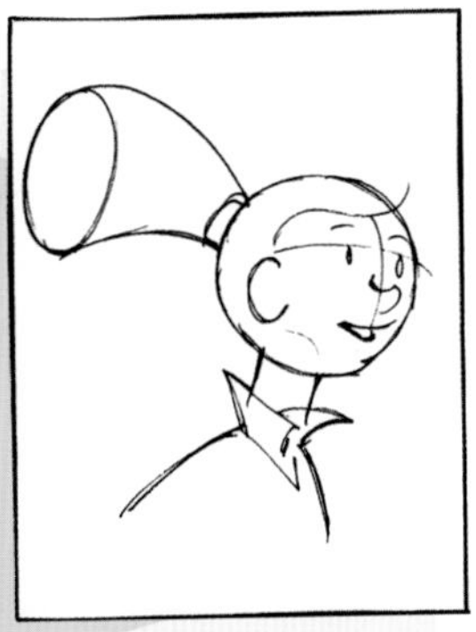

ENCAJE

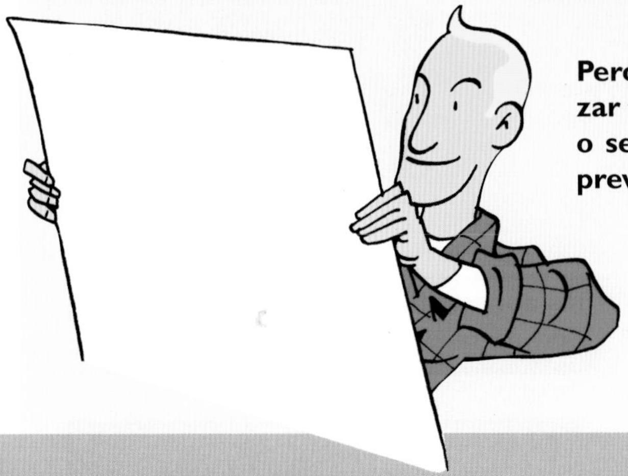

Pero antes de ponerte frente al papel en blanco para comenzar tu dibujo (sobre todo si vas a hacer un dibujo imaginario, o sea, no basado en un modelo real) es conveniente hacer previamente unos bocetos preparativos.

Un **BOCETO** es un ensayo del dibujo en pequeño formato.

Como hay muchas formas de hacer un dibujo...

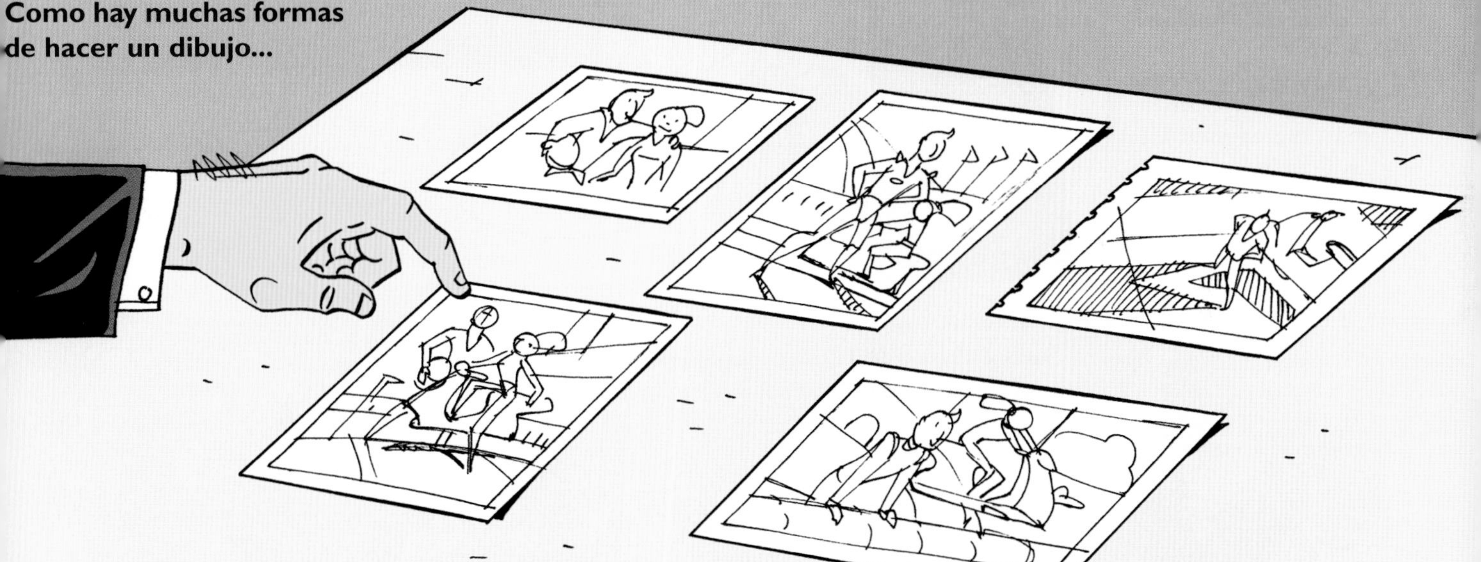

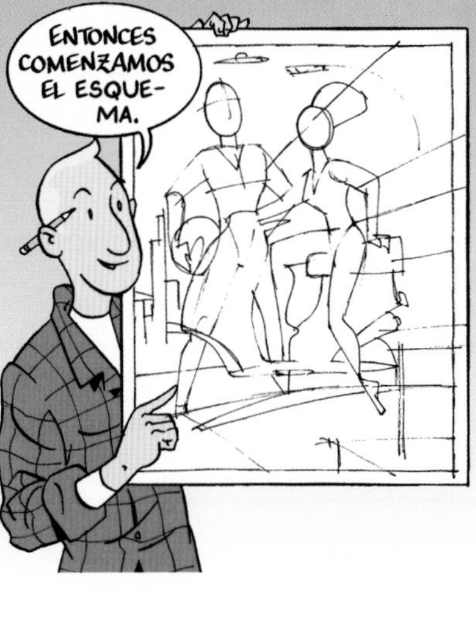
ENTONCES COMENZAMOS EL ESQUEMA.

...los bocetos nos permiten plantear varias de ellas para poder elegir la que más nos guste.

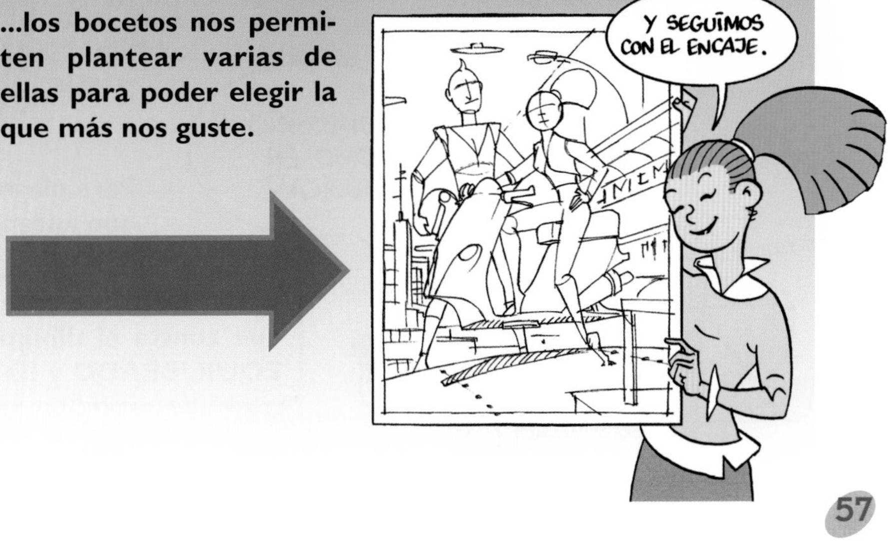
Y SEGUIMOS CON EL ENCAJE.

Como ya llevamos muchas lecciones estudiando conceptos teóricos, ha llegado el momento de ponerlos en práctica.

La composición

Ya tenemos experiencia tomando apuntes.

Ya hemos adquirido la costumbre de hacer varios bocetos antes de comenzar un dibujo.

Ya sabemos empezar un dibujo con un esquema.

Ya sabemos transformar ese esquema en un encaje.

Ya hemos aprendido a proporcionar los distintos elementos del dibujo en ese encaje.

Ya sabemos utilizamos la perspectiva para que estos elementos tengan un aspecto real.

¿SABEMOS HACER TODO ESO?

¡BIEN!

Pues ahora que tenemos toda esa técnica ya aprendida, vamos a empezar a ser creativos de verdad.

Ser **CREATIVO** es tener mucha capacidad de inventar cosas... y de saber llevarlas al papel.

¡EH, QUE YO TENGO MUCHA IMAGINACIÓN!

¿COMPOSICIÓN? ¿COMO EN MÚSICA?

Para plasmar esa imaginación en el papel tenéis que aprender **COMPOSICIÓN**.

COMPONER es ordenar en el papel los elementos de los que consta el dibujo, de forma que el conjunto quede **EQUILIBRADO** y **EXPRESIVO**.

Imaginaos que tenéis que hacer un dibujo con estos elementos: un paño de cocina, un vaso y una manzana.

Lo primero es colocarlos de una manera determinada para dibujarlos. Pero no vale de cualquier manera. Ahora lo veréis.

Esto no funciona. ¿Qué hace esa manzana allí arriba? ¿Y todo ese espacio en blanco que hay en el centro?

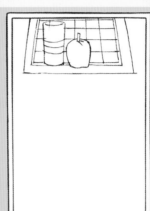

Ahora tampoco está bien. Tenemos demasiado espacio blanco abajo.

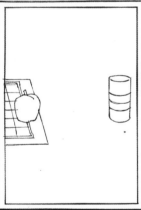

Bien, ya hay un equilibrio entre los espacios blancos, pero ¿se han peleado la manzana y el vaso?

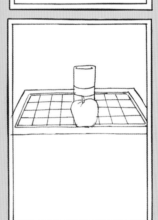

Ahora están todos los objetos juntos, pero la manzana tapa el vaso y queda fatal.

Esto ya está mejor: la composición muestra con claridad los tres objetos con una relación equilibrada entre ellos y el espacio que los rodea.

Claro que hay muchas formas de hacer una composición. Para conocerlas, debemos aprender varios conceptos; pero, sobre todo, lo que hay que tener es… BUEN GUSTO.

OH, YO DE BUEN GUSTO VOY SOBRADO.

¡SERÁ PAYASO!

¡A componer!

Cuando vayas a hacer un dibujo te debes preguntar:

¿CUÁNTOS ELEMENTOS TENDRÁ MI COMPOSICIÓN?

HE PENSADO EN UN DIBUJO QUE TENGA UN COHETE Y UNA PANDILLA DE VILLANOS Y UN MONSTRUO QUE...

¡Alto ahí! Hay que comenzar por lo sencillo.

¿UNA BOTELLA?

Sí, esto nos servirá.

Veamos, tienes un papel y una botella, y ahora debes decidir dónde situarla dentro del espacio del dibujo.

Y para ello, elige primero el tamaño al que la vas a dibujar.

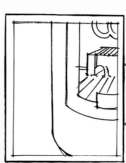

Ni tan grande que no quepa entera...

ni tan pequeña que se pierda.

Sí, este tamaño de la botella es correcto pero ¿qué pasa con su posición? Pues que hay demasiado espacio blanco a la izquierda.

Ahora sobra papel por arriba.

Ahora, con el espacio blanco repartido por todos los lados, la botella está en el **CENTRO GEOMÉTRICO.** Esta composición parece la correcta pero... es aburrida y el verdadero artista nunca debe aburrir.

Eso está mejor. La nueva distribución del espacio hace que los ojos vean más elegante la composición porque ahora la botella está en el **CENTRO VISUAL.**

Como en toda composición la figura y el espacio blanco tienen una importancia similar, podemos decir que el blanco forma parte de la composición.

Prosigamos, esta vez con un modelo más complicado.

PAPÁ, QUIETO AHÍ QUE TE VOY A HACER UN RETRATO.

Mira, si colocas la figura en el centro geométrico, arriba dejas un espacio que llama la atención pero en el que no ocurre nada.

Así está mejor, has desplazado la figura del centro y queda compensada a la derecha con el blanco.

Con un perfil, pasa lo mismo.

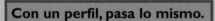

Si la figura está centrada parece que vaya a pasar algo a su espalda.

Eso es, hay que dejar blanco delante para que los ojos de la figura tengan espacio para mirar. ¡Es una cuestión de **EQUILIBRIO**!

Lección 27

No podemos hacer un dibujo infinito, sin principio ni final, puesto que debe tener unos límites.

El encuadre

Antes de estudiar los secretos de la composición de un dibujo con varios objetos, hay que hablar del encuadre.

¿ENCUADRE VIENE DE CUADRO?

Sí, existe un cuadro que es el espacio limitado donde se ha realizado un dibujo o una pintura.

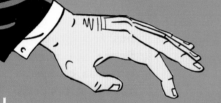

Y ENCUADRAR es meter un dibujo dentro de unos límites.

Y para eso se debe saber elegir el punto de vista con el que queremos realizar nuestra composición.

Elegir un punto de vista, encuadrar y componer son cosas que ya hacéis en vuestros dibujos, aunque no os deis cuenta. Y si ahora los estudiamos es para que aprendáis cómo funcionan y le saquéis el mayor partido. ¡Así, vuestros dibujos parecerán los de un profesional!

EL PUNTO DE VISTA es la posición de los ojos del dibujante respecto al modelo.

Piensa que cuando miras un dibujo lo haces a través de los ojos del dibujante. En este caso, el dibujante ha elegido ver el modelo desde un lugar determinado, y desde ahí lo ves tú también. Su punto de vista es el tuyo.

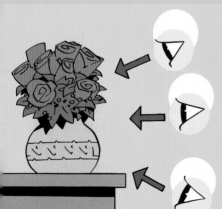

¡EH, ENTONCES EL DIBUJANTE TIENE UNA GRAN RESPONSABILIDAD!

¡UN TÍO IMPORTANTE, VAMOS!

Básicamente, existen cuatro puntos de vista:

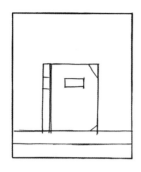

FRONTAL

Miramos el modelo de frente, o sea, situamos los ojos a su misma altura y paralelos a él.

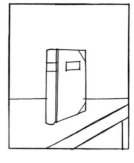

OBLICUO

Lo vemos desde un lado. Observad que aquí la perspectiva es muy importante.

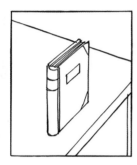

SUPERIOR

Lo vemos desde arriba. Es lo que los dibujantes llamamos "picado".

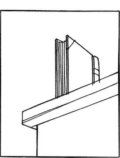

INFERIOR

O "contrapicado". Es cuando vemos el modelo desde abajo.

Y ahora, a practicar los encuadres y los puntos de vista con todo lo que tengáis a vuestro alrededor. Para ello deberíais construir un marco de papel o cartón (como hicisteis en la primera lección) y mirarlo todo a través de él. De cerca, de lejos, de lado, desde arriba, desde abajo… ¡Ya veréis qué divertido!

Cuando veáis una viñeta de cómic, una ilustración o un cuadro que os gusten mucho, fijaos bien y os daréis cuenta de que se componen a partir de unas estructuras básicas. Son...

Las líneas de composición

Como a partir de ahora vamos a trabajar con muchos ejemplos prácticos, tened siempre papel y lápiz al lado para repetir los esquemas y dibujos que os presentamos.

¡ESTAMOS LISTOS!

Así lo entenderéis mejor, y se os quedará todo en la cabeza.

Cuando comencemos un dibujo siempre trazaremos unas líneas previas que sirvan como guía o eje donde situar los distintos elementos.

Se llaman **LÍNEAS DE COMPOSICIÓN.**

Como siempre os digo, es mejor comenzar por lo más sencillo: la composición basada en una línea recta.

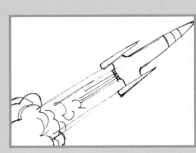

Horizontal

Vertical

Diagonal

Bien, ahora lo complicamos un poco: compongamos con más de una línea.

Tres horizontales

Tres verticales

O una vertical y una horizontal

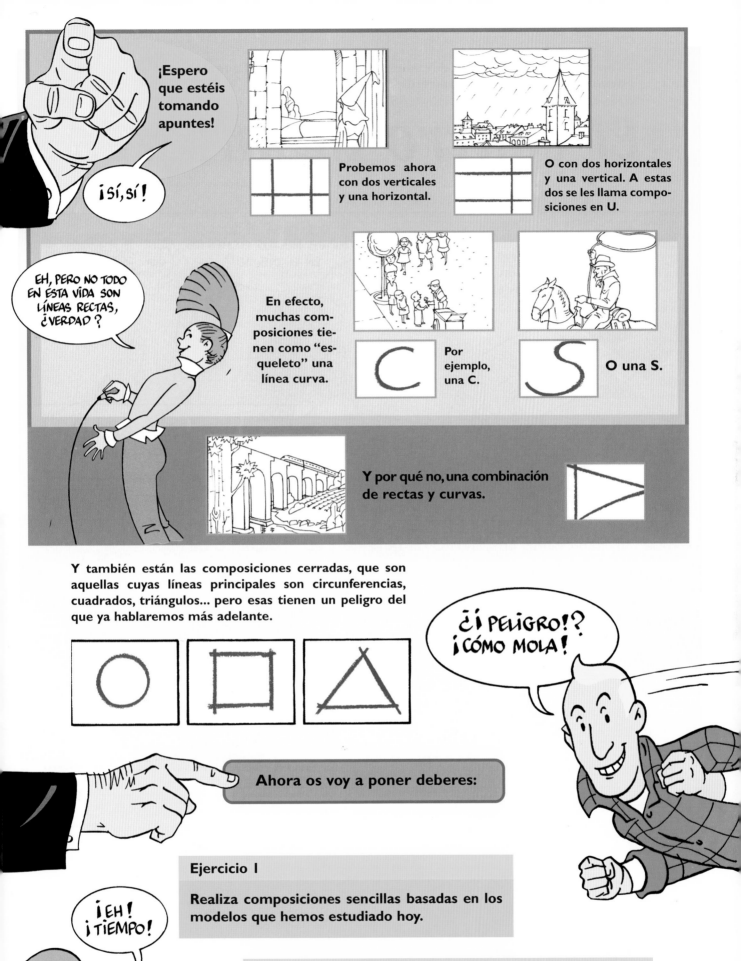

¡Espero que estéis tomando apuntes!

¡SÍ, SÍ!

Probemos ahora con dos verticales y una horizontal.

O con dos horizontales y una vertical. A estas dos se les llama composiciones en U.

EH, PERO NO TODO EN ESTA VIDA SON LÍNEAS RECTAS, ¿VERDAD?

En efecto, muchas composiciones tienen como "esqueleto" una línea curva.

Por ejemplo, una C.

O una S.

Y por qué no, una combinación de rectas y curvas.

Y también están las composiciones cerradas, que son aquellas cuyas líneas principales son circunferencias, cuadrados, triángulos... pero esas tienen un peligro del que ya hablaremos más adelante.

¿¡PELIGRO!? ¡CÓMO MOLA!

Ahora os voy a poner deberes:

¡EH! ¡TIEMPO!

Ejercicio 1

Realiza composiciones sencillas basadas en los modelos que hemos estudiado hoy.

Ejercicio 2

Coge libros de arte, cómics o fotografías, analiza las imágenes intentando descubrir las líneas de composición básicas y dibújalas en un papel.

Como ya sabemos que un dibujo no se hace sin orden ni concierto, antes de empezar debemos decidir lo que queremos destacar.

El centro de interés

Las sencillas composiciones que estudiamos en la lección anterior tenían pocos elementos.

¿Y QUÉ PASA SÍ QUEREMOS METER MUCHOS ELEMENTOS EN EL DIBUJO?

¡QUE LA COSA SE COMPLICA!

Así es. Por eso, antes de pasar a estudiar composiciones más complejas hay que conocer dos cosas muy importantes: **EL CENTRO DE INTERÉS** y **EL EQUILIBRIO DE MASAS**.

Una imagen se "lee"

¿COMO UN LIBRO?

Por ejemplo, coge el periódico y fíjate detenidamente en una fotografía.

"La aparición de tantos nuevos medios de comunicación —el fax, el móvil o Internet— creo que debe interpretarse como un síntoma de que en realidad nos sentimos muy solos", afirmó ayer Andrés Neuman. El protagonista de su segunda novela, *La vida en las ventanas*, se considera un extraño

tremont y Baudelaire, los románticos a los que admira Xavi".

Con esta segunda novela, Andrés Neuman ha quedado finalista del Premio Primavera, que en esta edición ha ganado Juan José Millás con su obra *Dos mujeres en Praga*. El galardón de Neuman se añade al Premio Hiperión

La comisaria ha
do a unos artistas
la belleza femenina
digma y sus distint
En distintos apart
cos y conceptuale
agrupa, entre otras
de Ana Laura Aláe
Connor y Nuria L
de *La cosmética de*
de Ursula Hodel,
González, Martha
colectivo Erreak
ción y Aláez, en el
la moda; las piezas
Serrano, Nicole E
Daniela Steinfeld, e
do, reconstruyendo
Maurren Connor y
Sigler en *Belleza y*
carne sobrante; Nu
Pierre Gonnord en
como ellas!, occiden
fectas; Beth Moysé
barracín en *El cue*
do. Belleza y viole
masa Morimura y
rracín en *La herm*
genérica; Estíbali

Te darás cuenta de que los ojos recorren la imagen y la van analizando: la **LEEN**.

Pues lo mismo ocurre con un dibujo. Así que el dibujante debe saber cómo "escribir" bien su dibujo para que el que lo mire lo "lea" y lo entienda bien.

En la lección anterior ya vimos cómo las líneas de composición ordenan las partes de un dibujo, pero conseguiremos que éste nos atraiga más si le damos un centro de interés.

"Leamos" estas dos ilustraciones. ¿Son iguales?

NO.

Claro que no. Tu ojo ha visto enseguida que algo las diferencia. Y sin embargo, las dos se basan en la misma línea de composición: una C.

En la primera, el ojo recorre la C, y sale del encuadre y deja la ilustración sola.

Pero en esta, el ojo, al final de la C, se detiene en las dos últimas figuras y se queda ahí.

¿ POR QUÉ ?

Porque hemos hecho de estas dos figuras que se dan la mano los actores principales del dibujo. Los hemos destacado sobre los demás personajes y sobre el resto de elementos de la composición.

El CENTRO DE INTERÉS de una composición es la parte que se destaca para que el dibujo SE EXPRESE MEJOR y por tanto SE ENTIENDA MEJOR.

Aquí van unos trucos de dibujante para conseguir atraer la atención hacia la parte del dibujo que nos interesa resaltar.

Guiar al ojo

El centro de interés de una composición no tiene por qué ser la parte central del dibujo, ni la más grande, ni siquiera la mejor situada. Es, simplemente, el lugar hacia donde nos lleva la mirada.

Y atención, el ojo es listo pero también perezoso: si no se le guía bien, se aburrirá y se irá fuera del dibujo a ver cosas más interesantes.

¿ Y CÓMO SE GUÍA BIEN A UN OJO ?

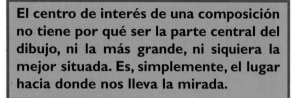

La cuestión es echarle el lazo y llevarlo adonde quieres. Y eso hay que hacerlo con el mismo dibujo: la composición debe ser como un camino que conduce al ojo al centro de interés.

Esto se puede conseguir de varias maneras, pero las más utilizadas son:

1 Usar las líneas de composición o los componentes del dibujo para que apunten al centro de interés.

Las líneas de fuga nos llevan al coche. Sencillo, ¿no?

Ahora la forma de la nave y el cable guían nuestro ojo hacia el astronauta.

Resaltar con trazos más intensos, con grises, o con manchas negras el centro de interés para que atraiga al ojo al primer golpe de vista.

Por ejemplo, estas tres ilustraciones se basan exactamente en el mismo dibujo...

¡EH, QUÉ TRUCOS TAN SENCILLOS!

Pero en esta primera es difícil precisar quién es el protagonista, así que el ojo se cansa de buscar y se marcha.

¡Esto es otra cosa! Con unos grises y el sencillo perfilado de la figura atraemos enseguida la atención sobre ella.

¡Ah, ahora es imposible que el ojo no sea atrapado al instante por la única mancha negra que hay en el dibujo!

3 Mostrar la acción.

Los dibujos siempre cuentan una pequeña (¡o grande!) historia. Así que si enseñamos un momento importante de esa historia habremos captado la atención del que mira.

Aquí está a punto de pasar algo, pero no sabemos qué: no hay acción.

¡Ahora sí! Todos miramos a esas dos figuras que, a pesar de que son pequeñas, están ocupadas en algo importante.

Otras veces es interesante (y divertido) jugar con el contraste provocado por la acción.

¡ESTO DE LA ACCIÓN ME HA GUSTADO!

¿Os vais dando cuenta de la cantidad de cosas que hay que saber para que un dibujo sea completo, verdad? Ahora estudiaremos otra.

El equilibrio

Ahora que sabemos más cosas sobre composición retomemos algo que ya hemos tratado de pasada y que es fundamental para la realización de una buena ilustración: el EQUILIBRIO DE MASAS.

Imagina dos músicos que tocan un tambor y una flauta.

Si colocamos delante al músico con el tambor, no se oirá la flauta,

...pero si lo ponemos detrás se oirán bien ambos instrumentos.

O sea que compensamos el sonido más fuerte del tambor con la distancia. Esto es buscar el equilibrio.

Pues con un dibujo pasa lo mismo; los objetos que aparecen en él no se oyen, pero sí tienen peso.

¿ PESO?

Sí, un objeto grande se ve más que no uno pequeño, ¿no? Como decimos los dibujantes, es más pesado, es decir, tiene más masa.

Veamos un ejemplo con estos dos objetos:

Si colocamos uno a cada lado del encuadre, el dibujo se "caerá" hacia el lado del más grande, del más pesado.

Si los ponemos juntos a un lado, el dibujo quedará desequilibrado.

Pero si centramos el objeto más pesado y colocamos el menos pesado más cerca del borde, la composición quedará equilibrada.

El equilibrio de masas en una composición se consigue cuando las partes del dibujo que la forman guardan entre sí una relación **ARMONIOSA** y **EXPRESIVA**.

Estudiémoslo con un ejercicio:

Te han encargado realizar una ilustración en la que debe aparecer una casa, un árbol, un chico y un balón.

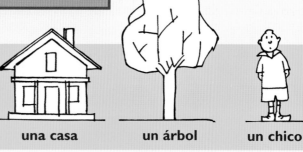

una casa   un árbol   un chico   un balón

Recuerda que tú, el dibujante, eres el director de escena y decides dónde colocar cada elemento.

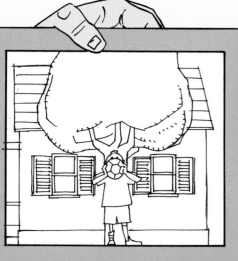

¡MANOS A LA OBRA!

Esto es un desastre! Por querer meterlo todo en el centro resulta que... ¡no se ve nada!

Bueno, ahora se han desplazado los elementos y se juega con el tamaño. Pero el dibujo se "cae" hacia la derecha. Aunque lo peor es que no dice nada, es aburrido.

¡Bien! Los distintos tamaños están compensados con su posición en el encuadre y la composición es expresiva.

Otra forma de componer la ilustración. Ahora el chico es pequeño pero sigue siendo el centro de interés porque la casa y el árbol se compensan y lo enmarcan.

Ya lo dijimos en otra lección: no hay una única composición válida. Así que lo mejor es hacer varias y elegir la que más guste.

Pruébalo. Realiza tus composiciones (equilibradas, ¿eh?) con la casa, el árbol, el chico y el balón, y verás con cuántas sorpresas te encuentras.

Es importante conocerla para saber hasta dónde podemos utilizarla en nuestras composiciones sin que resulten aburridas. Es...

La simetría

Hay una forma fácil de conseguir el equilibrio en una composición: hacerla simétrica.

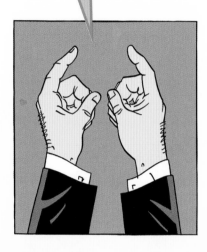

La **SIMETRÍA** se consigue cuando al trazar un eje por la mitad del dibujo, la forma, posición y dimensiones a uno y otro lado se corresponden.

Así que si coges un papel, trazas una línea vertical en el centro y colocas los mismos (o muy parecidos) elementos en una posición similar a un lado y a otro de sus respectivas mitades, obtendrás una composición simétrica y, obviamente, equilibrada. Pero...

ME DAN GANAS DE ROMPER ALGO.

Sí, ja, ja. El dibujo es correcto... y también serio, pesado, monótono, aburrido.

¿Compensa conseguir el equilibrio de una composición a cambio de que sea un rollo?

¿ Y ASÍ ?

¡Qué dibujo tan diferente! Y hecho con los mismos elementos.

UN CONSEJO

No hay que confundir el equilibrio con la simetría. Así que, si vamos a utilizar la simetría en nuestras composiciones, habrá que hacerlo con mucho cuidado.

Por ejemplo, las composiciones basadas en un cuadrado, un triángulo o una circunferencia (recordad que se llaman **COMPOSICIONES CERRADAS**) tienen el peligro de que, como son figuras simétricas, al resultado le falte algo de... ¡chispa!

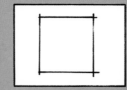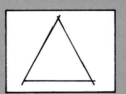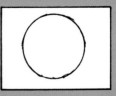

Veámoslo con las tres composiciones siguientes.

Ésta es la composición, basada en un cuadrado, de un dibujante que se conforma con lo primero que encuentra.

Un dibujante más valiente consigue este resultado con lo mismo, más un ligero toque de perspectiva. ¿Verdad que es más interesante?

El tren se retrasa y el viajero se impacienta.

Moviendo sólo un poco sus elementos, la imagen es ahora más expresiva y sigue basada en el mismo triángulo.

Las composiciones como ésta, realizadas a partir de una circunferencia, tienen el peligro añadido de que el ojo no sabe cómo entrar o salir de ellas.

¿Y si le ponemos algo en primer plano? A veces, para romper la monotonía de la simetría, basta con añadir un solo elemento.

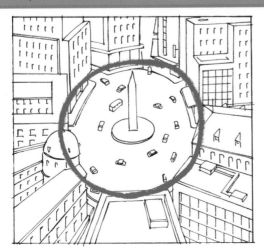

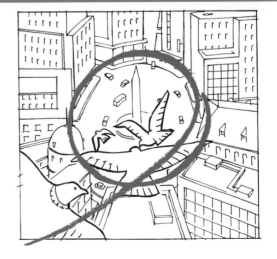

Por fin hemos llegado a esos dibujos que más os gustan: los que cuentan cosas. Aprenderemos cómo se plantea...

La composición compleja

Modelo real

Cuando un dibujo tiene muchas partes, todas ellas importantes, decimos que estamos ante una composición compleja.

Composición sencilla

Composición compleja

Abordar la realización de una composición compleja es la mayor meta del dibujante porque es entonces cuando tiene que poner en práctica, a un mismo tiempo, todo lo aprendido.

Hay que encuadrar, elegir el punto de vista, decidir cuál es el centro de interés, trabajar las proporciones, utilizar la perspectiva, equilibrar todos los componentes del dibujo...

¡EH, YA SABEMOS HACER TODO ESO!

Y, cómo no, hay que hacer varios bocetos previos, repitiendo y variando la estructura del dibujo hasta conseguir la adecuada.

Porque lo más importante de ese dibujo es la elección de la composición.

La composición, más que el estilo, es lo primero que hace personal un dibujo, diferenciándolo del de otro dibujante.

Es como el carnet de identidad del dibujante.

Todo esto se entenderá mejor si, en lugar de trabajar en un dibujo basado en un modelo real, se hace la composición de una imagen inventada.

Por eso, os proponemos un ejercicio: imaginad que os han encargado una ilustración con un tema determinado, por ejemplo…

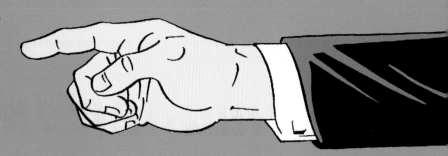

UNA EXCURSIÓN POR EL CAMPO

¿ POR DÓNDE COMIENZO ?

Debes hacerte dos preguntas:

1 ¿Qué quiero contar con mi dibujo?
EL TEMA

2 ¿Cómo lo quiero contar?
EL TRATAMIENTO

1 EL TEMA

Debes decidir cuántos personajes salen en el dibujo, dónde se encuentran, cómo están situados, qué hacen, qué ambiente les rodea, etc.

2 EL TRATAMIENTO

Tienes que pensar en la intensidad de la acción que quieres describir: de mucho movimiento, de calma, de expectación, de tensión, etc.

De cada una de las ideas que tengas de cómo enfocar un tema y del tratamiento, tienes que hacer un boceto rápido y de aquí saldrá la elección de la composición definitiva.

UN CONSEJO

No coloques "adornos" innecesarios. En una composición compleja, cada elemento tiene una función. Si no es así, mejor que no aparezca porque molestará.

Para terminar, he aquí un caso práctico de cómo se tiene que hacer un dibujo basado en una composición compleja.

La imagen inventada

Tenéis que hacer una ilustración sobre una excursión por el campo.

> YA HEMOS HECHO BOCETOS PREVIOS Y TENEMOS EL **TEMA**: DOS CHICOS Y UNA CHICA CRUZAN UN ARROYO; LA CHICA RESBALA Y CAE AL AGUA Y LOS CHICOS SE RÍEN DE ELLA, SIN SABER QUE UN OSO LOS MIRA.

> QUEREMOS DARLE UN **TRATAMIENTO** DIVERTIDO: ¡SÓLO LA CHICA PUEDE VER EL OSO Y VA A DAR UN BUEN SUSTO A SUS AMIGOS QUE SE BURLAN DE ELLA!

Pues manos a la obra.

1

Uf, ¡qué planteamiento tan aburrido! Os recuerdo que hay que huir de las composiciones simétricas.

Mejor, pero tenéis que elegir bien el punto de vista. Aquí no vemos la expresión de los chicos (¿se están riendo?), ni la cara del oso (¿es un oso?).

2

3

Ahora sí que vemos bien a los cuatro protagonistas, pero aparecen nuevos problemas:

- **Equilibrio:** el dibujo "se cae" a la derecha.

- **Proporciones:** el oso es demasiado grande y las montañas, demasiado pequeñas.

4

Bien, ahora nos falta definir el centro de interés. ¿Queremos que los ojos del espectador se fijen más en la chica, en los dos chicos o en el oso?

Sí, eso es, la aparición del oso y el susto que les va a dar a los chicos es la verdadera anécdota del dibujo. Ahora sólo falta imprimir un poco de dinamismo a los personajes, para que no parezcan marionetas.

5

¡Y he aquí el resultado!

Habéis conseguido hacer una composición compleja con una imagen inventada.

Todas estas reglas, ensayos, bocetos, correcciones... que ahora os parecen tan largos y laboriosos se vuelven más sencillos a medida que el dibujante adquiere práctica. Es entonces cuando se dice que "el lápiz dibuja solo".

Pero nosotros sabemos que un lápiz no se mueve solo, lo mueve la experiencia.

Lección 35

Y hasta aquí hemos llegado. Pero esto no es una despedida...
¡Nos volveremos a ver pronto!

¡Ya somos dibujantes!

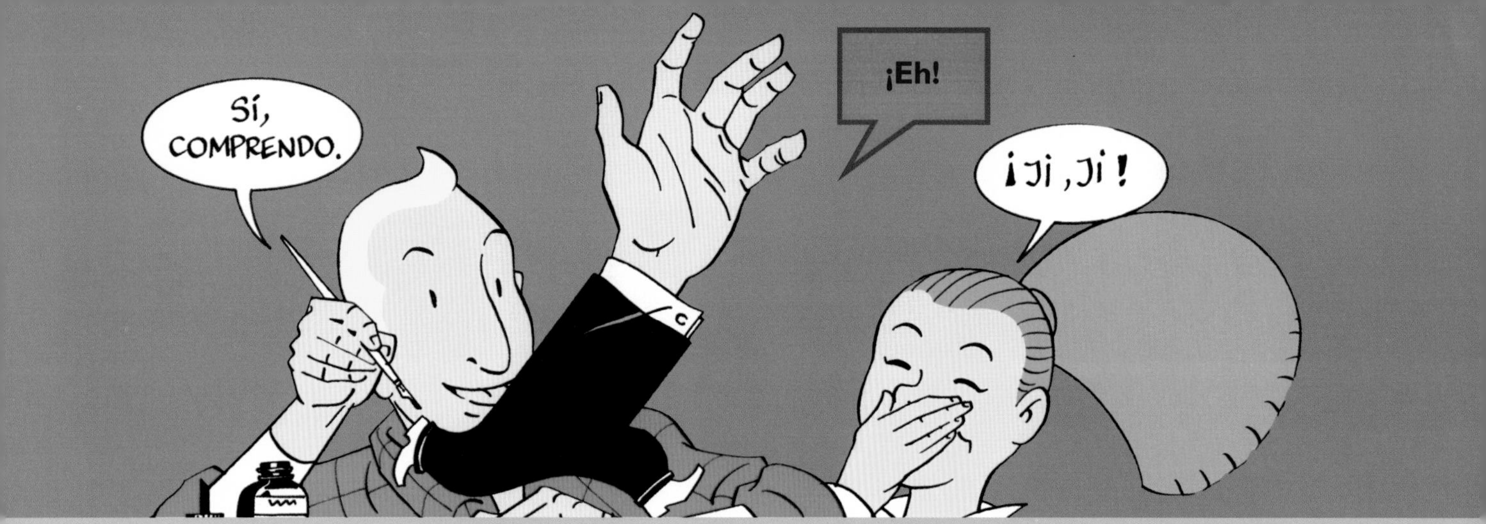
SÍ, COMPRENDO.
¡Eh!
¡JI, JI!

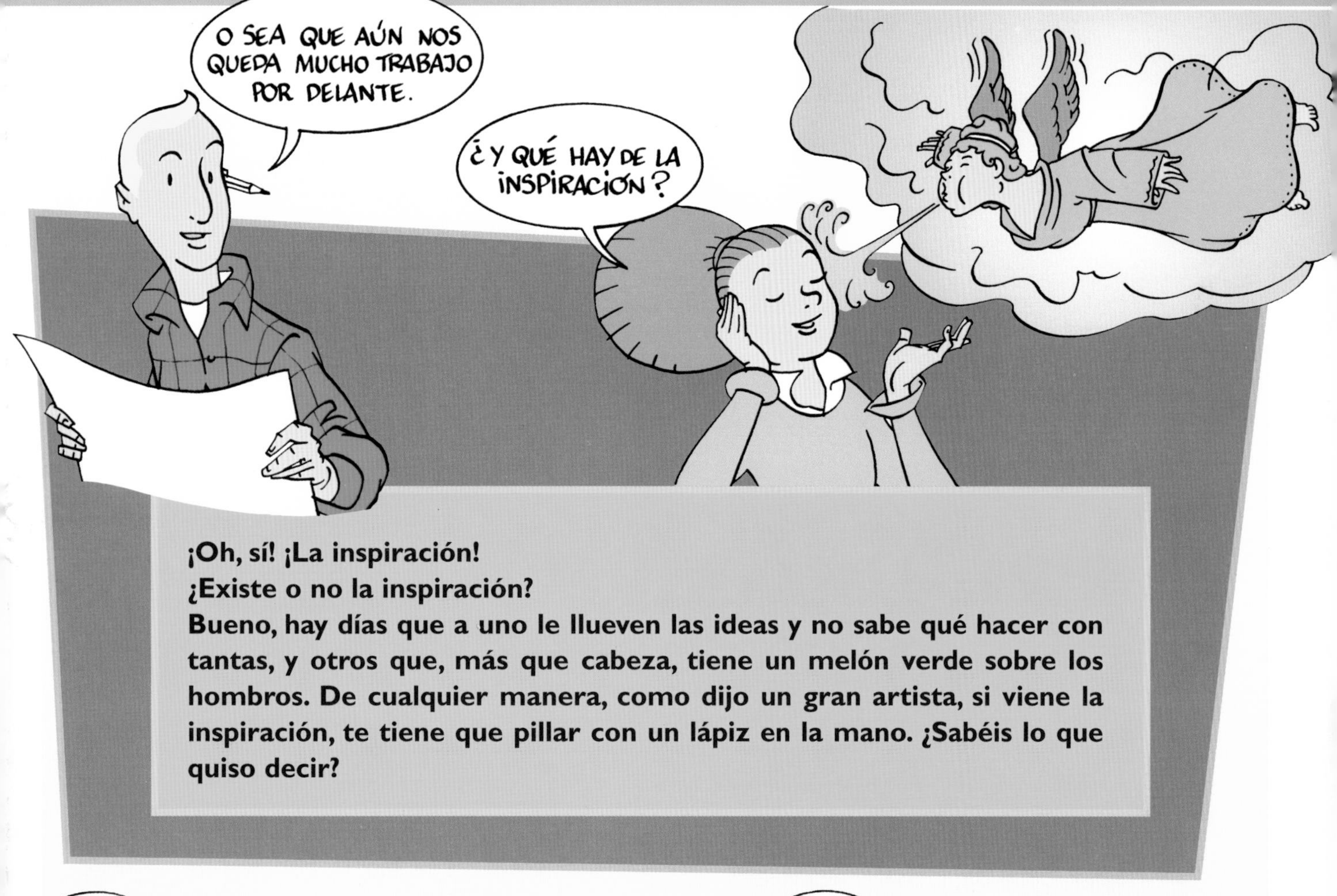
O SEA QUE AÚN NOS QUEDA MUCHO TRABAJO POR DELANTE.
¿Y QUÉ HAY DE LA INSPIRACIÓN?

¡Oh, sí! ¡La inspiración!
¿Existe o no la inspiración?
Bueno, hay días que a uno le llueven las ideas y no sabe qué hacer con tantas, y otros que, más que cabeza, tiene un melón verde sobre los hombros. De cualquier manera, como dijo un gran artista, si viene la inspiración, te tiene que pillar con un lápiz en la mano. ¿Sabéis lo que quiso decir?

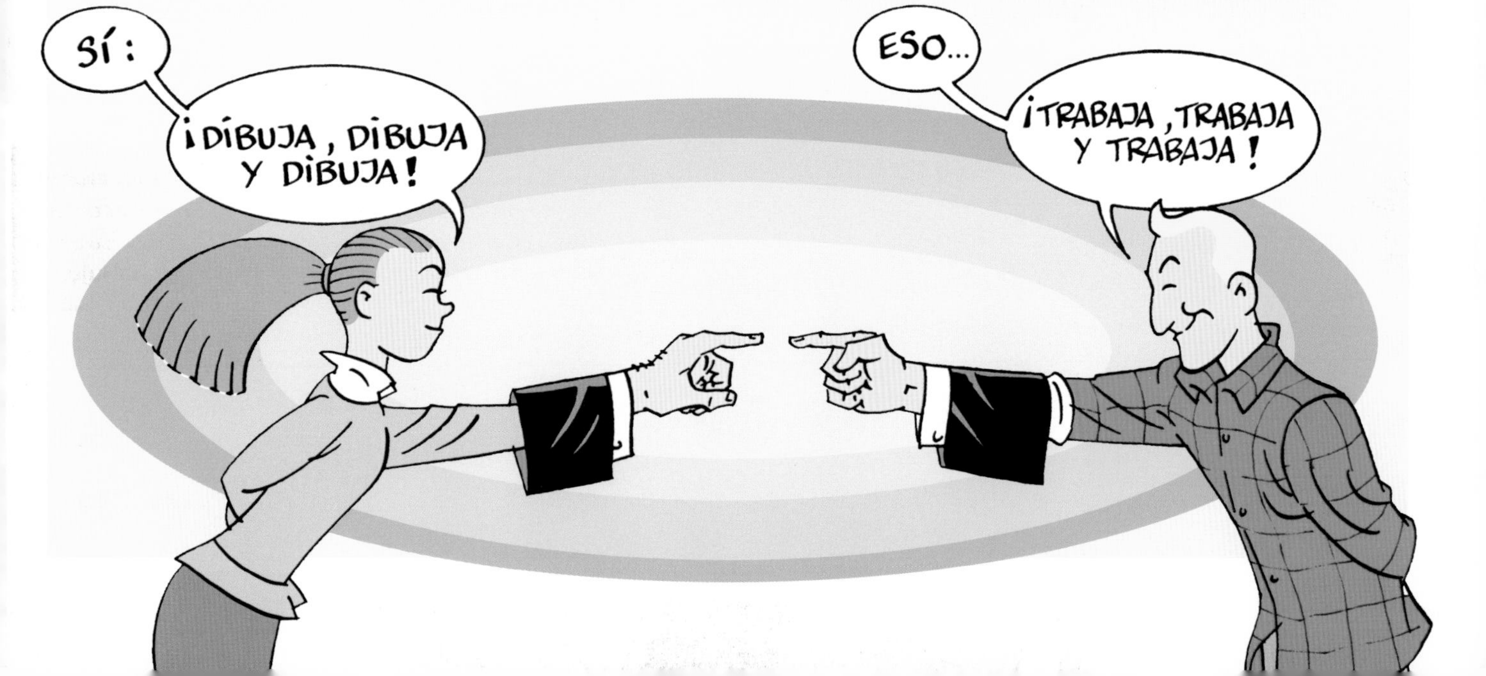
SÍ:
¡DIBUJA, DIBUJA Y DIBUJA!
ESO...
¡TRABAJA, TRABAJA Y TRABAJA!